지금 이 자리에

심정임 수상록
지금 이 자리에
■
인쇄 2012년 4월 03일
발행 2012년 4월 05일
■
지은이 심정임
펴낸곳 도서출판 문화의힘
펴낸이 이순옥
■
대전 동구 삼성1동 125-6
한밭오피스텔 406호/ 등록 제117호
전화 042-633-6537
전송 0505-489-6537

ISBN 978-89-90647-54-2

값 12,000원

지금 이 자리에

愚堂 심정임 著

도서출판 문화의힘

■ 책머리에

1995년도 『구름 뒤 태양이』 이후 여기저기 발표된 글들을 모아 뒤늦게나마 두 번째 에세이집을 내게 되었다. 1996년 가을 공직자의 옷을 벗고, 뉴질랜드 메이슨 클리닉으로 내려간 이후부터 2008년 초여름 로사 정신과 의원을 폐업한 기간까지 쓴 글들이다. 연대기별로 수상록과 여행기를 먼저 편집 후 다음 권에서는 의료활동과 관련된 글들을 묶을 생각이다. 황급하게 쓴 글들이라 문맥이나 연결되는지 저어된다. 그러나 부끄러움을 무릅쓰고 의사로서 족적을 적나라한 그대로 발표를 한다. 먼저 길을 간 사람의 얼룩진 삶을 보고 뒤를 이어 걸어갈 후학들은 조금의 위안 내지 타산지석의 좌표라도 된다면 이 노작은 헛되지 않으리라.

서문을 쓰는 서창 너머로 봄의 서장이 찬란하게 펼쳐진다.

눈부신 목련 가지 위에 동네 새들이 지저귀는 노래가 귓가를 간지럽힌다. 집집마다 돌아다니며 기쁜 소식을 전하는 오래된 까치도 일찍부터 덱크로 날아와 집안을 들여다보며 깍깍댄다.

큰 빚을 진 사람처럼 늘 책을 내야되는데 주문처럼 외우다 지금 헐벗은 서문을 쓰는 손이 떨린다. 지나간 시간들을 돌아보니 온갖 회억으로 만감이 교차한다. 자그만치 17년이란 세월이 흘렀다니…. 무엇을 했던고? 그러나 그동안 낮잠 잔 것은 아니니 그것으로 족하지 아니하랴?

나의 글에 조건 없이 찬사를 보내주던 모든 말없는 분들께 그동안 못 드린 감사를 이 책으로 대신한다. 알게 모르게 나의 글을 과찬하며 용기를 북돋아주던 동료들의 사랑에 보답이 된다면 나의 기쁨은 배가 되리라. 해묵은 글들을 털어 내어 햇빛을 보게 해주신 문화의 힘 출판사 이순옥 시인님의 단아한 장정에도 심심한 감사를 드린다.

> 할 수 있는 어떤 것 또는 꿈꾸는 어떤 것이든 시작하라.
> 용기를 가지며 소질, 능력 그리고 마법이 따를거니
>
> –괴테

괴테의 권면을 다시본다. 결심을 하라 하라 독촉하던 추상같던 글귀를 통나무 벽에 붙여 놓고 기도하듯 떠올렸던 지난날들이여! 어쩌면 진정한 헌사는 괴테에게 바쳐야 되는게 아닐까?

아아! 이 봄이 이렇게 밝고 눈부시구나!

2012년 4월

도룡동 로사 하우스에서

愚堂 심정임 上梓

■ 책머리에

1_물가의 오두막을 꿈꾸며

2_길고 흰 구름의 나라

3_프라하 어디에선가

4_도스토옙스키와 투르게네프의 나라 러시아

5_무지개의 대륙 아프리카

6_동양과 서양이 만나는 곳

7_쉬지 않는 순례자

지금 이 자리에

1

물가의 오두막을 꿈꾸며

수통골 오후

어떤 사람에게 무조건 끌리듯이 장소에도 이상하게 끌리는 곳이 있다. 수통골이 내게 그런 장소이다. 일요일 오후가 되면 누가 손짓이라도 하는 양 발길이 그곳으로 향한다.

아주 높지도 낮지도 않고, 험해서 사고가 날 일은 거의 없고, 일부러 넘어지는 거야 그것은 수통골 잘못은 아닐 테고, 야트막한 계곡은 물이 사시사철 졸졸 흐르고, 급류로 변해 사람을 삼키는 등의 무자비한 일은 전혀 없다. 무엇보다도 초입에 가지런히 시인들 노작을 그 때 그 때 계절에 맞는 주제를 골라 자연 속 시화전을 마련해놓은 것이 가장 즐겁다. 한 편 한 편 천천히 발걸음을 옮기면서 숨을 고르며 음미하노라면 나는 순간 시인의 영혼 속으로 빨려 들어가 시간을 잊는다. 작은 수첩을 꺼내 무릎 위에다 받치고 시를 적고 있는 나를 흘끔흘끔 보고 가는 사람들, 그러나 내 뒤로 다가와서 시를 읽는 사람들은 없다. 산에까지 나왔어도 저리 급한 것이다. 산을 올라가는 발걸음이 회사로 출근하듯 바쁜 이유가 궁금하다. 산에 와서도 쉬지 못하고 급하다면 기실 그의 삶에 진정한 휴식이 있다고 보기 어렵지 않은가?

자다 일어나 시를 쓴 시인들과 고단한 삶속에서 창작의 끈을 놓지 않은 저 초인적 헌신들을 무조건 경배한다. 세상의 영리를 쫓기에도 벅찬 나날 속에서 저 가없는 고난의 길, 그 길로 들어선 분들의 열정이 가상하다고 믿는다. 이 분들의 고뇌를 통한 한 줄 한 줄의 글이 우리의 슬픔과 고통과 영원한 동경을 어루만져 주지 않았던가? 저렇듯 달아나듯 산행을 하는 일행을 보며 우리 삶이 이리 손바닥 안에 놀 듯 무망한 노릇인가 하는 한숨을 쉬면서 이 일요일 오후 수통골속에서 누리는 찬란한 시간이 벅차기만 하다.

순간순간의 몰입이 무한한 기쁨을 준다. 수통골에서는 내가 부릴 수 있는 최고의 호사, 시간을 잊고 될 수 있는 한 최고로 느린 걸음으로 굴러가듯 아니 기어가듯 산길을 간다. 그동안 정신없이 뛴 것도 모자라 하느님이 주신 일요일 하느님의 시간인 일요일까지 정신없이 뛰는 것은 바보짓이다. 단 하루, 아니 한나절만이라도 모든 짐을 벗어놓고 오로지 대자연의 일부, 나뭇잎 한 조각이 되어 가벼이 산속을 지키는 것이 그리 어려운 일인가?

1.4km 팻말이 있는 지점에서 쉬어 간다. 나는 바위에 앉아 양말을 벗고 발을 담근다. 온몸의 땀이 순식간에 식으며 내려가는 온도가 그리 청량할 수가! 혈류 이동에 따른 물리적 체온의 감속이 그리 정확 신속할 수가 없다. 닥터 하베이가 순환이론을 폭스톤의 소용돌이에서 발견의 실마리를 얻었다는 것은 이미 의학사적이다. 이런 기쁨, 상쾌함을 무엇과 비하랴?

이런 대자연의 선물을 무엇과 바꾸랴?

가끔 행인과 말벗이 되기도 한다. 산에서는 서로 누구나 마음을 열고 대화를 연다. 산속에 와서까지 사람을 경계하고 온갖 걱정에 사로잡혀 있다면 그 사람은 이중으로 고역의 삶을 자초한다고 하겠다. 짐에 눌려 허덕대는 게 문제가 아니라 그 짐에 익사를 할 지경으로 고립무원하다는 정황이 더욱 안쓰러울 따름이다.

하산하는 길은 새로 길을 닦아놓은 동쪽 목책길로 내려왔다. 이쪽 냇가에도 백일장 당선 글들을 패널로 세워 놓았다. 관리 사무소가 부지런히 시인마을을 꾸려 나간다. 한 할머니가 시를 읽으며 초등학생 2학년이 이런 시를 썼다고 손주들에게 알려준다. 시를 읽고 관심을 보인 사람은 이 어른 한 분을 보았다. 물론 내가 지나가는 시간이 아닌 다른 시간대에 시를 읽는 분들이 아주 없다고는 생각지 않는다. 다만 확률이 그리 낮다는 게 아쉽다는 토로이겠다.

수통골을 들어갔다 돌아오면 영혼이 목욕을 한 것처럼 날아갈 듯 가볍다. 새로운 자신의 얼굴을 기억해내는 것이다. 어쩌면 수통골을 걸으며 잃어버렸던 약속, 꿈, 미래 같은 주제를 진실하게 직면하고 돌아오는지도 모른다. 갈피없이 무턱대고 뛰던 날들의 번잡함을 걷어내면 참된 형상이 선연하게 빛을 발하는 것이기에.

이렇게 우리 나날이 도처에 기쁨과 축복의 잔치, 찬란한 축제라는 벅찬 선물을 아아! 나는 이렇듯 무상으로 쓸어 담지 못할 정도로 무한히 누리는 것이다. 다른 곳이 아닌 바로 수통골 아늑한 숲속에서.

삼월 이른 아침의 기도

아침 해가 장엄하게 떠오른다.

아침에 일찍 일어나니 하루가 무척 길다. 덤으로 받는 은총이다.

올빼미 형인 나는 이런 눈부신 일출을 맞이한다는 것이 꿈만 같다. 내 자신이 무척 장하게 느껴진다. 떠오르는 해가 이렇듯 심장이 두근거리도록 웅장할 줄이야! 동녘 하늘을 붉게 물들인 여명 속 새벽하늘을 가르고 불쑥 튀어 올라 온 산야를 밝히고 있다.

이 맑은 아침 '나는 너희에게 나의 이 무한한 태양 에너지로 너희 온 생명을 보살펴 주리니 너희는 오로지 아끼고 서로 돕고 사랑하는 데만 마음을 쓰거라' 하는 하느님 소리가 들려오는 듯하다. 평화롭다. 동방의 아름다운 나의 조국 대한민국…을 흥얼거리고, 나날이 안정, 평화, 자부심 등 내 삶은 은총으로 윤택해진다. 내 마음이 이리 충일해진다.

그러나 외부로 시각을 돌리면 시종 지구촌은 잠잠한 날이 없다. 리비아 유혈사태, 일본 쓰나미 재앙 등 시시각각 국제뉴스에 촉각을 세우고 있다. 천재지변의 발생을 우리가 어이 막을 수 있으리오? 그러나 사람이 할 수 있는 도움의 손을 놓아서는 안 되겠다.

'시간이 없어서…'라는 말은 변명, 구차한 변명일 뿐이다. 항상 바쁜 사람은 죽을 때까지 바쁠 것이다. 괴테의 권면은 대가다운 박력과 웅혼한 기상이 절로 고개를 떨구게 한다. 괴테의 의지에 관한 말은 맞는 말이다. 주저하고 쓸데없는 상상력에 사로잡히고 중요하지 않은 일에 쫓기고 쫓고….

자꾸 쓰자. 낙서라도 하자. 글을 쓰기를 그렇게 꿈꾼 사람이 막상 글쓰기를 소홀히 하고 한껏 바깥일에 팔려서 정년을 한 셈이다. 그 땐 그 때로서 충분히 의미 있고 보람 있었다. 그러나 이제 단순하게 사는 게 목적인 지금은 현재인 지금이라는 시간의 선물을 만끽하자. 지난겨울의 악몽은 모두 다 유혹에 약한 나의 나약함이 그 대가를 치룬 것이다. 남을 이용할 대로 이용해서 이윤을 추구하는 것이 기업인의 경제논리인 것을 망각한 내가 순진한 사람이다. 좀 더 현실적 사고를 했어야 했다.

어제 묵은지 김치 찜에 들어간 돼지고기가 시원찮았는지 아니면 그 새빨간 고춧가루가 이상했던지 영 속이 편안하지 않았다. 오늘 아침까지. 인공색소가 아니고는 그 시뻘건 색이 나올 리가 없다. 나는 음식점에서 매운탕이나 낚지볶음 등 새빨간 음식은 아예 시키지 않는다. 자연색소일 리 없다는 내 관찰력이 선택을 불허한다.

여하간 나의 위장관 시스템에 감사를 하며 한 치라도 원칙을 저버리지 않고 평소와 조금이라도 다르면 바짝 경계하여 신호를 내보내 불편감을 주어 다시는 먹지 않도록 선처한다. 많은 대 구루(guru)들이 '내면의 소리에 귀 기울여라' 이구동성으로 충고하는데 나에게는 '내장의 소리에 귀 기울여라'란 말이 더 현실적이고 실리적인 가르침이다. 음식을 조심하면 언행도 조심할 테고 속이 편하면 자연 마음도 평안해져 절로 밝고 기쁜 표정이 얼굴로 피어날 테니 명상가가 추구하는 선적 고요까지는 미치지 못하더라도 자연스럽게 화평한 사람이 되어 주위를 부드럽게 만들 테니 말이다.

아침 해가 떠오른다. 그러나 고속도로 분리대에 걸려 만경강 일대 고창 들판에서 보던 일출처럼 그렇게 탁 트이게 시원하지 않다. 아프리카 대평원 특히 빅폴의(Victoria Fall) 베란다에서 바라보던 일출의 감격과 오버랩되던 김해평야의 아침 해는 광활한 들판에서 용광로처럼 활활 타올랐다. 내가 아침 해를 맞이하는 기쁨을 누린다는 것이 무척 자랑스럽다. 자기실현의 전초가 된 듯한 감격을 느낀다.

3월은 날씨가 뒤죽박죽 변덕을 부리다가 청명 한식이 되어야 비로소 산소에 성묘하는데 무릎이 시리지 않을 만큼 따뜻해진다. 황사와 바람이 심난하다. 혹독한 겨울을 이겨낸 이후 춘곤증 비슷한 우울감이 외투처럼 달려 있다. 봄을 애타게 기다리는 마음이 스톡홀름 교민들의 그것에 비할까마는 나 역시 봄을 기다리는 마음 가없다. 눈이 빠질 만큼, 목이 늘어나도록 기다리는 사람 중의 하나이다.

푸시킨은 '봄… 너는 비애만을 준다'고 오네긴에서 투정하지만, 크로커스 수줍게 언 땅을 밀고 솟아나는 이른 봄 틈만 나면 무조건 러스킨 파크로 달려갔던 것을….

지금 이 자리에

1.

우리나라가 원조 수혜국의 간판을 내리고 원조 시혜국 서열 25위에 돌입했다는 뉴스를 접한다. 원조를 받던 나라로서는 처음 등장한 나라라고 해설이 뒤따른다. 앵커의 입술이 유난히 양양하게 움직인다. 어깨가 으쓱해진다. 나도 육이오 동란으로 돌잔치를 못한 세대이다. 인민군이 꽃밭에서 총을 들고 서있었다는 말을 어머니가 하셨다. 자랄 때 우유 가루를 쪄주면 그것이 훌륭한 간식이었다.

휴스톤의 NASA에 갔을 때 사촌 경숙이 우주 음식 중 아이스크림 맛이 꼭 어렸을 때 우유 가루 쪄 먹은 맛이라고 하며 사줘서 먹었는데 바로 그 맛이었다. 특히 나는 부산 수영비행장 근처로 피난 가서 살았을 때, 엄마 젖이 부족하여 우유 가루를 먹고 자랐으니 '아얏' 소리 말고 옛 은혜를 감읍해야 될 몸이렷다. 덧붙여 아프리카 원조를 더 늘리고 봉사인력도 증강한다고 하니 더더욱 신명난다.

여름 한철을 아프리카 심장부에 들어가 미친 사람(?)처럼 일을 하고 돌아 온 이후 아프리카 일이 남의 일 같지 않아 기회가 되는대로 아프리카 형편을 알려준다. 우리가 흥청망청 낭비하는 물자를 보면 아프리카 형제 자매들, 특히 아이들 눈동자가 떠오른다. 겁먹어서 울먹울먹하면서도 내가 달래니까 바로 안심을 하고 울음을 터뜨리지 않았던 아이가 어찌나 귀엽던지! 남루한 아이들에게 책상에 놓여 있던 간식을 나눠 주니까 벌떼같이 달려와 삽시간에 없어지는 것을 보고 마음이 찔렸다. 먹기 싫어서 쳐다도 안 보는 과자를 향해 이 난리가 난다. 마치 육이오 이후의 우리 지난날이 여기서 플래시백으로 재연되는 것 같았다. 케냐의 빈민가 막사 안의 임시 진료실이 겹쳐 떠오르고… 사뭇 그립다.

2.

1993년도 스톡홀름 출장 시에 거리에서 눈에 띄는 검정머리의 동양인들이 우리나라 입양아들이라는 설명을 들었을 때의 충격과 실제로 우연하게 만난 여학생이 우리말을 거의 못하면서도 내가 한국인에서 왔다니까 본능적으로 반색하던 표정이 잊히지 않는다. 갑자기 나도 모르게 울컥 눈물이 나와 가까스로 참았다. 전혀 예측하지 못한 일이었다.

나만을 위해서 죽기 살기로 뛰던 내게 이 입양아와 스톡홀름에서 조우했던 장면은 큰 충격으로 각인되었다. 남의 일, 지나간 일, 나와는 별 상관없는 일이란 듯 무관심하게 살아온 내게 북극의 한 거리에서 만난 우리 모습을 닮은 입양자들이 나의 아집을 뚫고 들어와 나를 구원한 것이리라.

난리통에 여기까지 날아온 민들레 씨라고 부르는 이들을 보며 한편으로는 스웨덴 사람들의 의식에 대해 면밀하게 생각하게 되었다. 어떤 동기에서든 혈통과 형질이 다른 우리 아이들을 입양하여 가정이라는 보금자리를 마련해준 이 나라 사람들에 대해 절로 고개가 아래로 떨어졌다.

우리가 난리북새통으로 미처 키우지 못했던 우리 자녀들을 보호하고 양육해준 이들에 대한 감사는 두고두고 갚아야 될 과거사가 아닌가? 보복의 과거사가 아닌 은혜에 대한 기념비로서 과거사의 한 이슈가 되어야 하는 게 아닌가? 사랑을 저버리지 않는 것은 개인적 관계에서만 필요한 것이 아니라 국제관계에도 해당되는 일이다.

3.

아름다운 오월 초에 스웨덴의 김현덕 선생님 출판기념회가 열렸다. 나는 출판 전부터 우리말 문맥을 추고하여 드리는 등 내심 큰 기대를 하였다. 다른 이야기가 아닌 뼈아픈 이야기, 어떻게 보면 드라마틱한 소재의 책이므로 각광을 받지 않을까 기대했다.

실제로 책의 내용이 진솔하여 특강의 교재로 쓰면 어떨까 하는 생각까지 했었다. 그러나 행여라도 책 판매하려고 한다고 동기를 불순하게 해석할 듯싶어 자제했다. 대신 30권을 주문하여 알 만한 분들에게 증정하고 대략 소개를 하였다. 그러면 홍보 선전으로 충분하지 않겠는가? 그러나 이현숙 선생님이 딱 한 권 사주고는 그만이었다. 만 천 원인데 천 원 할인하여 만 원을 받았다.

금액을 떠나 책을 쓰는 사람의 그 숱한 노고, 밤잠을 못 자고 휴가를 반

김현덕 선생님의 출판기념회에서. 가운데가 김현덕 선생님, 오른쪽 전 한국여자 의사회장 정덕희 선생님

납하고 두통으로 약을 먹어가며 한 줄 한 줄 피를 토하듯 글을 쓰는 작가의 창조의 진통에 대한 헌사가 그리 전무하냐는 회의에서 하는 말이다. 물론 선생님은 책을 팔아서 그 수입에 의존하는 분은 아니지만 글을 쓰고 책을 내는 일련의 창조에 관련된 분야의 고통이라는 것은 그가 무엇을 하는 사람인가를 떠나 이루 헤아릴 수 없는 가시밭길의 영적단련인 것이다. 출판사에도 얼마나 팔리느냐고 묻고 싶으나 전화를 못하겠다. 잘 안 나간다는 이야기를 듣기가 두려운 까닭이다.

첫 에세이집을 1995년도 출판한 다음 책을 낸다는 생각이 쏙 들어간 나로서는 더욱 작가의 비애가 증폭되어 심장을 콕콕 쑤신다. 머리칼을 뽑아 수를 놓듯 글을 써서 책을 낸 작가에게 책을 많이 사서 보아주는 게 도리이련만 증정본에다 저자 사인까지 받기를 요구하는 이상한 풍조가 우리 관습이라는 것을 알고 입을 다물었다.

이렇듯 문화적으로 막힌 사회가 과연 자유로운 문화와 예술이 꽃피는 나라가 되겠는가? 다들 창조에의 열정을 접고 오직 생계에 목숨을 걸고 집착하다보니 이렇듯 사회가 무섭게 오로지 물질 아니면 죽음이라는 강박감으로 치를 떨면서 돈을 벌려고 든다. 수단방법을 가리지 않고 비리, 뇌물 등 온갖 편법을 동원하여서라도 돈을 벌어야 된다는 생각이 강하다.

젊은이들은 또 어떤가? 직장이라는 포도청에 묶여서 젊은 청년들이 소신을 접고 전전긍긍 줄타기하듯 임기응변으로 살아가는 비굴한 자세가 가랑비 옷 젖듯 몸에 배었다. 젊은이들이 품었던 드높은 이상과 혁신에의 비전이 무너져 내리는 것이다. 그것은 비단 한 젊은이의 불행으로 그치는 게 아니다. 우리나라 미래의 주역인 젊은이들이 이렇듯 소시민적으로 바로 타락해버린다면 우리 미래의 희망이 그만큼 사라지는 게 아닌가?

〈아름다운 인연〉이란 아름다운 제목의 책이 세상에 나오고 잊혀져 갈 무렵 초대장이 도룡동으로 날아왔다. 선생님께서 천만다행으로 삼성생명 재단에서 수여하는 비추미 특별상과 거금의 부상을 받게 되어 다시 고국을 방문하게 되어 나도 덩달아 한 차례 바빴다. 그간의 앙앙불락했던 마음이 눈 녹듯 사라지고 기쁨 오로지 기쁨으로 날아갈 듯 경쾌했다.

고국이 선생님 헌신을 저버리지 않고 답례를 한 것이 내 일처럼, 마치 내가 상이라도 드리는 듯 기쁘다. 시상식 끝나고 프레지던트호텔에서 친스웨덴계 인사들이 모여 지난 이야기꽃을 피웠다. 스웨덴에 한 발씩 담갔던 사람들의 추억담이 쏟아진 흥겨운 가을저녁 파티였다.

하느님은 항상 이렇게 잊지 않으시고 고난과 슬픔을 거치면 환희의 사례를 톡톡히 하신다.

"누군가의 사랑의 손길이, 보이지 않는 도움의 손길이 종내 이렇듯 행복한 가을저녁을 누리게 하였다. 이것은 바로 도움을 필요로 하는 사람을 '바로 지금 이 자리에서' 도와주라는 뜻"이라고 선생님은 수상연설을 통하여 말씀하셨다.

'할딱거리는 로빈새 한 마리를 둥지에 갖다 줄 수 있다면 나의 삶은 결코 헛되지 않으리라'는 에밀리의 시를 되뇐다. 우리 삶이 보잘것없어도 우리 마음속에 이렇듯 작은 사랑의 불이 꺼지지 않고 타고 있는 한 우리 삶은 결코 헛되지 않으리라.

참나무 장작이 탁탁 소리를 내며 타고 있다. 불똥 튀는 소리가 추위를 저 멀리 담장 밖으로 쫓아낸다. 내 마음속 장작불이 이렇듯 활활 타는 한 어떤 북풍도 문지방을 넘지 못하고 남쪽 나라로 발걸음을 돌리게 하련다. 저물어가는 11월 마지막 일요일 초저녁. 벌써부터 크리스마스트리가 동화 속 통나무집처럼 반짝반짝 빛나고 있다. 가끔 이렇게 행복하고 충만한 시간이야말로 토마스 머튼이 말한 하느님의 시간 바로 그 시간이 아니런가!

스웨덴이 기른 우리 아이들

〈『아름다운 동행』(현덕 스코글룬드 엮음/허서윤 옮김) 서평〉

심금을 울리는 라스 오케 룬드베리(Lars Ake Lundberg)의 서문「보석 같은 아이들」을 먼저 인용한다.

"이 책은 단지 입양아와 그 부모들에 대한 이야기가 아니다."

이 책은 독자들로 하여금 인생을 살아가며 자신의 삶과 꿈, 그리고 종종 겪는 실망과 위기에 대해 우리가 가져야 할 자세를 다시 한 번 돌이켜 보게 한다. 우리는 세상에 대한 무한한 믿음을 가지면서도 동시에 이러한 믿음이 과연 옳은 것인지 의심하며 어린 시절을 보냈다. 이제 어른이 된 지금 우리는 아이들을 어떻게 대해야 하는가? 아이들은 내면에 잠재되어 있던 어린 시절의 우리를 일깨워 준다. 양부모들 자신도 또한 그 부모들이 소망하던 아이였을 것이다. 덴마크 만화가 스톰 피(Stom P.)는 이렇게 말했다.

우리 부모님들은 당신들이 원하던 아이를 갖지 못했다. 나는 그들이 우려하던 그런 아이였다.

그래서 그들은 어떻게 됐을까? 그 아이는 어떻게 됐으며 그 부모는 어떻게 됐을까?

이것이 바로 이 책이 제시하는 질문이다. 우리는 과연 우리가 꿈꾸던 아이를 얻었을까? 반대로 아이는 자신이 원하던 부모를 만난 것일까? 아마도 양부모를 포함해 모든 부모는 그들이 꿈꾸어 오던 것과는 다른 아이를 얻었을 것이다. 세상에 단 한 명밖에 존재하지 않으며 그 누구도 대신할 수 없는 특별한 아이. 때때로 우리의 기대와 소망은 너무 커서 이 특별한 아이를 만났을 때 고개를 돌릴 수도 있다. 어떻게 해야 우리는 이 상황을 인정하고 감사할 수 있는가? 이 책은 입양이라는 독특한 소재를 통해 이 문제를 이야기하려 한다. 이것은 삶속에서 갖는 기대와 실망, 더 나아가 우리의 인생 자체를 받아들이는 데에 적용될 수도 있다.

당신은 지금 이러한 인생에 대한 책 한권을 손에 쥐고 있는 것이다.(14p~15p)

김현덕 선생님이 이 책을 우리말로 옮기시겠다는 강한 열망을 품고 계신 것은 중간 중간 소식을 통해 익히 알고 있었다. 마지막 입양아와 함께 한 30년은 초고를 미리 보았는데 이번에 완결본을 보니 가히 압도적이다. 특히 마리안 스바츠(Marian Swartz)의 '딸에게 쓰는 편지'의 한 대목은 미어진다!

'너와 나 사이가 걷잡을 수 없이 악화일로를 치달을 때면, 나는 네가 아기였던 시절을 떠올리곤 했단다. 까만 머리가 가늘게 삐죽삐죽 나온 작은 여자 아이가 분홍색 털실로 짠 원피스를 입고 양말을 신은 채 나타났었지. 알란다 공항에서 너를 만나 집에 오는 차에서 너는 내 품안에 몸을 파묻었었지. 그러고는 집에 도착했는데도 내리려고 하지 않았어. 그 당시 너의 몸무게는 11kg 정도였으며, 내가 접시에 담아주는 음식은 무엇이든 잘 먹었지. 너는 특히 밥을 좋아했는데 어쩌다가 식탁에 밥알을 흘리면 그걸 하나하나 집어 먹었어….

너는 밤이면 곧잘 깨어나 울곤 했단다. 결국 너를 우리 침대에 재우거나, 내가 네 침대에 웅크려 함께 잤었어. 그래도 네가 편히 잠들지 않을 때면 너는 두 손으로 내 얼굴을 감싸고 내 눈을 쳐다보면서 한국말로 짐작되는 알아들을 수 없는 말로 무엇인가 장황한 연설을 늘어놓곤 했단다. 그 내용을 알아들을 수 없었지만, 네가 누군가를 무척 그리워하고 있으며, 우리가 그것을 보상해줘야 한다는 것만은 이해할 수 있었단다.'

마리안의 고백은 양부모의 수기 이전에 자식을 기르는 부모의 애절한 사랑으로 목이 매인다. 희생이 따르지 않는 사랑이 어디 있으랴마는 마리안의 딸에 대한 사랑은 가없다. 멀리 달아난 딸을 끝까지 기다리고 화해의 시간이 오기까지 오래 참고 기다린 모성의 승리는 나까지 덩달아 기쁘다. 무슨 곡절이 있었던 간에 결국 사랑이 승리한다는 진리의 확인이라고나 할까? '마르쿠스' 이야기를 들어 보자.

'햇살 좋은 어느 날, 나는 아이와 그림자놀이를 하고 있었다. 마르쿠스는 나의 그림자와 겹치도록 내 뒤에 서더니 이렇게 말하는 것이었다.

"짠, 드디어 엄마 뱃속에 있게 되었네?"(130p: 1973 년 한국에서 태어나 스웨덴으로 입양된 마르쿠스 이야기)

오늘 이 책을 읽는 우리는 입양아에 관한 책이 나왔구나 하는 정도로 넘어가도 괜찮은가?

6.25의 폐허에서 그 길밖에는 대안이 없었다고 이미 지나간 과거를 들추어내야 마음만 아프지 않느냐고 할지 모른다. 감추고 싶은 이면을 그러나 우리는 재조명해야 된다. 당시 절대 절명의 상황에서 이들을 그 먼 곳으로 보내야 했고 스웨덴 양부모들의 지극한 양육으로 이들은 새 둥지를 틀었다. 그러나 이들이 복지부장관에게 한 말 '우리 때는 그렇다 치더라도 왜 지금도 보내느냐?'에 대한 답변은 결코 회피되어서는 안 된다. 정말 지금에 와서도 스웨덴으로 입양을 보내야만 하는가? 빚을 갚을 때도 되지 않았는가? 개인적 관계에도 예의와 염치가 있어야 되거늘 국제관계에서도 계속 스웨덴 사람들의 박애주의와 세계 시민정신에 편승해 우리 아이들을 떠맡겨도 좋은가? 자식을 버릴 수밖에 없었던 불우한 어머니에 대한 대처는 왜 하지 않느냐는 질문에 눈시울을 적신 김현덕 선생님 마음이 우리 마음이 아닌가? 원망과 저주를 퍼부어도 시원찮을 조국을 향해 입양 당시의 현실을 받아들이고 강건한 존재로서 어머니를 용서하고 포용하는 그들은 얼마나 아름다운 사람들인가? 양부모들의 사랑 속에서 자란 이들이 이렇듯 건강하게 세계시민적 관점으로 생모를 옹호하고 이들의 고난의 의미가 퇴색되어서는 안 된다는 항의를 하는 게 아닌가? 장하다.

나는 이 책을 통해 스웨덴 양부모들의 의식구조랄까 절절한 모성에 감탄하였다. 이 분들은 우리와는 차원이 다른 자녀관과 세계관을 지니고 있다. 이번 기회에 스웨덴 부모들의 자녀 양육방법이 우리와 실제적으로 크게 다르지 않다는 발견을 한 것은 큰 수확이다. 서양 사람들은 무조건 아이는 부모와 떨어져서 울다가 죽어도 내버려둔다는 식으로 들어 왔으나 그렇지 않다는 예를 이 양부모들의 기록에서 만나게 된다. 아이가 울고 떨어지지 않으려 해서 아이를 업고 일을 하여야 했던 그 아버지나 우리 오빠가 밤낮이 바뀌어 밤새도록 업고 새웠다는 이야기를 귀가 닳게 어머니로부터 들었는데, 신기하지 않은가? 우는 아이를 견디는 방법은 한서 간에 별 차이가 없다는 것이!

「한계를 초월한 부모의 역할」을 쓴 시그프리드 데밍에르(Sigfried Deminger)의 '처음부터 아이를 사랑하는 것은 어려운 일인가?'를 인용한다.

> 입양한 자녀를 처음부터 사랑하는 것은 어려운 일일까? 친자식을 낳는 순간의 기분이 어떤지는 경험해보지 못했다. 손자들을 얻었을 때의 경험에 비추어 보면 아이가 탄생하는 것은 엄청난 경험이라는 것을 이해할 수 있다. 그러나 친자식에 대한 사랑이 입양자녀에 대한 그것보다 깊다거나 뭔가 다를 것이라는 견해에는 공감이 가지 않는다. 입양자녀에 대한 사랑 역시 첫 만남의 순간부터 끊이지 않고 영원히 지속된다. 나는 단 한 번도 세 아이에 대한 사랑을 의심하거나 주저한 적이 없으며, 친자식에 대한 사랑이 이보다 더 크고 더 깊을 것이라고 생각하지 않는다. 오히려 그 반대일 가능성이 많다고 생각한다. 아이가 나의 단점을 물려받을지도 모른다는 걱정에서 해방되는 것은 얼마나 후련한 일인가? 생물학적 연결고리의 단절은 서로를 더욱 존중하게 만든다. 종종 친자식을 둔 부모들이 아이들이 자신의 나쁜 습관을 그대로 따라 하는 것이 보기 싫다며 한탄하는 소리를 듣지 않는가?

내 자식 내 자식 하는 철통 같은 우리나라 특히 가부장적 사고의 장본인들에게 꼭 들려주고 싶은 구절이다. 박수갈채를 보내 드려야 될 분이다. 김현덕 선생님이 입양아에 대해 쏟는 열정과 믿음은 산도 움직일 만하다.

스톡홀름의 선생님 클리닉 대기실에서 만났던 입양 여학생이 생각난다. 내가 한국이 생각나느냐? 언제 왔느냐? 무엇을 전공할거냐? 등등 물으니 기억이 당연히 아름아름하다고 한다. 커다란 눈과 둥근 얼굴이 분명 우리나라 사람 흔적이 남아 있다. 그 며칠 후 내가 선생님 댁에 기거한다는 이야기를 기억하고는 함께 먹으라고 초콜릿을 선물했다. 나는 그 초콜릿을 먹으며 과연 같은 민족이라는 의미가 이렇게 그 뿌리가 질기다는 감동을 했었다. 이 이야기는 나의 졸저의 한 구석에도 실려 있다. (구름 뒤 태양, 1995년. 지혜네 출판).

각설하고, 김현덕 선생님은 한서 협회의 대모 격으로 입양 부모들을 위한 사전 교육은 물론 한국문화를 알리고 이해시키는 전령사로서, 대사 아닌 대사로서, 스웨덴 이민사회의 정신적 지주로서 혼신을 다하신다. 선생님은 우리 불쌍한 입양아들을 위해 하느님이 미리 스웨덴으로 파견하신 분이 아닐까? 선생님이 계시지 않았더라면 그 많은 입양아들은 어떤 의사와 소통을 했을까? 근원적 소통에의 그 갈증을 어디서 풀었을까?

선생님의 출판 기념회는 경기여고 43회의 열렬한 후원과 스웨덴을 거쳐 간 각계각층의 대표 인사들이 총망라한 자리였다. 기독 여민회의 행사 진행도 거침없다. 한 인물이 이렇게 큰 업적을 이룰 수 있다는 실증이다. 이 책이 베스트셀러가 되어 김현덕 선생님이 노벨평화상을 받는다면 얼마나 좋을까 하는 생각을 했다. 그 먼 대륙에서 버려진 한 아기를 주워와 풍요로운 가정과 새로운 삶의 행로를 열어준 양부모들과 그들의 고통을 함께 나누고 두 나라말로 소통의 가교가 되어 불철주야 헌신한 한 정신과 의사의 일생이야말로 세계평화의 근간이 되는 게 아닌가? 스웨덴 양부모 협회와 김현덕 선생님이야말로 차기 노벨평화상을 받아야 한 분들이라고 나는 감히 그러나 목청이 떠나가게 외친다. 어린 생명을 살리는 일보다 더 고귀한 일은 세상에 없다고 할진대, 이 분들의 드높은 이상과 박애주의적 사랑의 원천이 우리 입양아들의 생명과 삶의 터전 즉 꿈의 길을 펼쳐주었는데, 이보다 더 큰 평화의 공헌이 또 있을까? 정치적 이데올로기의 변환이 곧바로 위대한 평화인가? 살육을 통한 힘의 확장이 평화와 직결되지 않고 있는데도 아수라장이 되어 난민행렬이 그치지 않는 현실을 보면서도 그래도 정치가 희망과 평화를 선물한다고 아직도 믿고 있는가? 제도의 주인이 사람일진대 사람 마음속의 사랑의 힘이 움직이지 않고는 어떤 평화도 우리가 사는 지상에는 오지 않으리라. 산에 가서 고기를 잡겠다는 꿈에 불과하리라. (물론 선한 사마리아인 같은 정치가도 있지만 그럼에도 전쟁이 멈추지 않는 현실을 어떻게 이해하란 말인가?)

시편 1장 3절의 시냇가에 심은 나무야말로 뿌리가 깊고 튼튼하여 깊이 물을 빨아들여 만사형통하리라는 구절은 바로 김현덕 선생님을 두고 한 말이 아닐까? 이 책을 많이 사서 보았으면 좋겠다. 특히 우리 여자 의사들이 앞장서서…. 바람에 나는 겨와 같은 악인의 한 무리인 나도 이 책을 읽고 나니 게으름이라는 타성의 늪을 나와 두서없는 서평을 앞뒤 분간 없이 결국 쓰고 말았다.

물가의 오두막을 꿈꾸며

대청댐 잔디공원을 걷는 일은 쾌적하다. 동서로 유리벽으로 툭 터진 갤러리가 미호천과 대청댐 봉우리를 연결지어 소통의 미학을 드러내고 있다. 1층밖에 전시를 하지 않는 아쉬움은 있지만 그래도 예전에 비해 장족의 발전을 한 게 아닌가? 이 산중에서 설치미술을 비롯한 불타는 예술가들의 혼을 맛볼 수 있다니! 데크 아래 관목 사이로 토끼가 마른 잎을 핥고 있다. 눈은 까맣고 털은 흰 점박이 토끼는 처음 보았다. 산책 나온 소년들이 잎을 따다 먹인다. 한 가족은 배드민턴을 하고 다른 가족은 축구를 하는 등 영락없는 주민들의 안식처이다. 날씨가 아직 변덕이 심해 종잡을 수 없지만 그럼에도 불구하고 졸졸 흐르는 개울물을 보니 봄이 머지않았다.

산책을 나온 것도 몇 달 만이다. 안식년을 맞아 일을 안 하고 쉬는 사람이 산책할 시간이 없었다니 말이 되는 이야기인가? 출타를 빈번히 하다 보니 평소 리듬이 깨졌다. 이제 이런저런 굴레를 마저 벗어 버리니 홀가분하다. 자연인, 명함 없는 사람이 되었다. 임기가 마감되는 그 날짜로 남은 명함은 이미 깨끗이 태워 버렸다. 정숙한 친구와 동행을 하니 알맞게 평안하다. 친구는 얼굴이 탈까봐 조심을 한다. 얼굴이 타면 타는 대로 걷는 나는 한번 완전 까맣게 얼굴을 태워보고 싶은데 그 정도까지는 태워보지 못했다. 아프리카 미인들을 만나면 같은 여자의 입장에서도 입을 다물지 못하고 감탄한다. 불을 뿜는 듯한 에너지와 생명 그 자체인 건강과 대륙이 떠나가도록 쾌활하게 웃는 명랑함에 나는 박수를 보내게 된다. 그라시아스 합창단 베이스 파트를 서는 더글라스가 가나의 테마에서 왔다는 말을 들었을 때 얼마나 반가웠는지 모른다. 우리 여자 의사들 15명이 가나 국제학회에 갔을 때, 우리 음식을 맛깔스럽게 정성껏 해주시는 아주머니가 계셔 저녁 먹으러 몇 차례를 간 곳이 테마였다. 아크라에서 약 50분. 아프리칸스의 매력은 우리가 갖는 고정관념이 우습고 옹졸하다는 것을 유감없이 보여준다.

미호천은 고요하다. 호수로 보는 게 더 정확하겠다. 여름날 비가 오면 물안개가 서리고 어쩌다 달밤에 미호천을 돌다보면 수면 위를 비추는 달빛이 교교하기 짝이 없어 잠시 멈췄다 가기도 한다. 문의에서 넘어오는 고갯길에서 맞는 일몰이 어찌나 매혹적인지! 황혼을 두고 돌아오기가 아까워 발이 떨어지지 않는다. 조춘의 일모는 동트기 전이 더 어둡다는 말처럼 봄의 환희가 터지기 직전의 우수로 흐른다.

대저 우리가 대자연에 열광하는 심사는 어디에 근원이 있을까? 이 넉넉한 잔디밭과 높은 산자락이 병풍처럼 행인을 품고 있는 이 고즈넉한 공간에 서면 어찌 이렇듯 충만한가? 허물을 벗은 애벌레가 날개가 나와 날아갈 때 이런 해방감을 느끼지 않을까? 청전 그림속의 구부정한 촌로처럼 산과 호수와 나라는 그림자가 일치가 되어 더 이상 나라는 껍데기가 존재하지 않는 듯 하모니를 이룬다.

우리가 흙에서 나와 흙으로 돌아갈 존재들이기에 이렇게 대자연 속에 오면 행복하고 마치 내 집에 돌아온 듯 안온한 게 아닐까? 본래 세상의 주인은 이 대자연이 아닌가? 우리는 잠시 무대에서 맡은 역을 하고 내려와야 되지만 이 대자연은 항상 거기 그대로 존재하는 게 아닌가? 해가 지며 산 그림자가 걷히고 땅거미가 어둑어둑 내려앉는다. 가끔 지나가는 차 소리 외에 몇 안 되던 행인마저 돌아가니 이 넓디넓은 공간에 덩그렁 우리만 남았다. 아우성치는 시정에서 몇 발자국만 나오면 이렇게 허허벌판이다. 너나없이 무엇을 위해 그 난리법석을 하며 죽기 살기로 뛰었던가? 시지프스의 운명처럼 무조건 바위를 굴려야만 되기에 그저 굴리는 게 우리의 숙명인가?

비트겐슈타인이 노르웨이 송네 피요르드의 오두막에서 수년 간의 초절된 고립과 사색을 통해 철학적 논고를 저술한 일화가 문득 떠오른다.

"세계가 어떻게 존재하느냐가 신비한 것이 아니라, 세계가 존재한다는 것이 신비스러운 것이다"라는 그의 어록에서 세계 대신 대자연을 대치하면 이 미호천의 아름다움에 딱 맞겠다. 천재의 사상이 극한의 침묵과 대자연의 계시 속에서 잉태되는 것을…. 호반이라는 찻집을 보며 엉뚱하게 비트겐슈타인이 툭 튀어나왔다. 아마 물가의 오두막에 살았으면 하는 열망이 나도 모르게 살짝 머리를 내밀었나보다. 지금껏 길가 집에서 사는데, 더욱 인적 없는 적요한 물가로 들어가고 싶다. 호면을 바라보다가 지치면 낮잠을 자고 맛은 없지만 몸에 좋은 바나바 차를 마시고 초저녁에는 짧은 글을 쓰고, 밤늦도록 신앙체험기를 읽고 지구촌 구석구석에서 복음 전파로 여념 없는 형제자매들을 위한 기도를 드리고 그간의 나의 잘못을 빌다보면 내 나이 환갑. 이제는 잃어버린 시간을 찾아 나서야 될 분기점 아닌가?

누군가를 존경하는 마음 바닥을 더듬으며

두문불출 책을 읽던 중 〈태평양 전쟁 중의 미국 국내 전선〉의 기사를 읽었다. 그 안에 기록된 엘리노어 여사의 행적에 대한 언론의 반향과 여사의 답변을 옮긴다.

> 엘리노어 여사는 진주만 사건 이후 미국 서해안 지역을 방문하면서 일본계 미국인들에 대한 대중들의 감정폭발을 목격하였다. 정부기관이 일본계 은행, 상점, 가택을 습격했던 것이다. 엘리노어 여사는 그와 같은 편견의 물결에 저항, 관용 있는 행동을 호소하고 스스로 미국 태생의 일본계 미국인들과 함께 포즈를 취하여 사진을 찍음으로써 많은 캘리포니아 주민들의 반감을 샀다. 〈로스앤젤레스 타임스〉의 논설진은 이에 격분하여 엘리노어 여사를 강제로라도 공적생활에서 물러나게 해야 한다고 주장하였다.
>
> 대통령 부인은 이것이 매우 중요한 공정성의 문제라고 대응하면서 이렇게 말하였다. '오늘날 우리가 지켜야 할 아마도 가장 중요한 의무는 긴박한 시기에도 우리는 스스로의 신조에 따라 행동할 수 있다는 것을 보여주는 일이다.'

이 대목에 오자 나는 나도 모르게 쾌재를 부르며 손바닥이 부르트게 손뼉을 치고 싶었다. 물론 지하에 누워 계신 엘리노어 여사가 일어나 들으실리는 만무하지만. 진정한 용기란 이런 눈에 안 보이는 구석구석을 껴안는 데 있지 않을까? 자신을 내세우기에 앞서 인애가 행동규범의 바탕이 되는 삶에 있지 않을까?

이해타산을 넘어선 근원적 사랑의 실천이 숭고한 바는 아무리 강조해도 지나치지 않으리라. 일촉즉발의 위기에 빠진 조국을 떠나 멀리 캘리포니아에 와서 살아보겠다고 허둥대는 일본계 시민들을 보호하려는 관용의 소치였겠다. 전쟁이 야기된 정치적 상황은 상황이고 죄 없는 시민들에게 닥치는 위험을 수수방관하지 않고 적극적으로 자신의 신조를 의연하게 보인 엘리노어 여사.

영부인의 입장은 사사로운 이해타산이나 정략에 얽매어 움직이는 것 이상으로 범세계인으로서의 의식이 요구되는 자리일진대, 여론에 굴복하지 않고 개인적 선택의 자유를 옹호한 자세는 어찌나 통쾌하던지!

힐러리 국무장관의 자서전을 보면 인간적으로 가장 고독하던 때, 전 세계 여성들이 전부 힐러리를 동정하던 때 헨리 나웬 책을 읽고 엘리노어 여사를 존경하고 정신적으로 의지한다는 장면이 나온다.

여고 시절 문화교류로 회덕의 미군부대에서 장교단이 토요일 오후 영어회화 클럽을 만들어 우리를 가르쳐 주었던 아름다운 시기가 있었다. 교재는 Dixon series. 그 때 미국인 군인 모이어가 존경하는 인물이 엘리노어 여사라고 한 까마득한 기억이 또렷이 살아난다. 당시 나는 갸우뚱했었다. 왜 엘리노여 여사일까 하고. 잠깐 고리짝 이야기를 펼쳐도 무방하겠다. 회덕 미사일 기지 내 장교단이 자매결연을 맺어 크리스마스에는 우리를 초대하여 영내를 안내하고 홈드라마까지 극장에서 본 추억이 있다. 한국 청소년들에게 미국 문화의 영향을 긍정적으로 전파한 시도였겠다. 되돌아보니 당시에도 그들은 이미 세계인의 관점을 갖고 우리와 악수를 했던 것을!

지금도 전 세계인의 존경을 받고 있는 엘리노어 여사의 전기는 여러 장에서 많은 흥미를 끈다. 루스벨트 치적의 반 이상은 엘리노어 여사의 공이라고해도 과언이 아니다. 이런 지성인들의 양심이 미국 사회의 근간을 이룬다고 본다. 지성인들의 비판을 보면 어느 사회고 지성의 등불이 그 사회의 거울 내지 지팡이가 되고 있다.

타임지 논설위원들의 에세이를 그런 관점에서 나는 부지런히 읽는다. 이들의 지식의 방대함과 통찰력의 예리함에 혀를 내두르면서 마음에 새긴다. 개인적으로 케네디 대통령 숭배자는 아니지만 그의 로버트 프로스트 애도사에 대해서는 압도적인 찬사를 보낸다.

> '한 나라가 위대해지는 데 권력을 창조하는 사람들의 기여는 불가결합니다. 그러나 권력에 문제를 제기하는 사람들의 기여 역시 불가결합니다. 그 문제가 사심 없는 태도에서 나온 것일 때는 더 말할 나위가 없습니다. 우리가 권력을 이용하느냐 아니면 권력이 우리를 이용하느냐를 결정하는 것이 그들이기 때문입니다. 나라의 힘은 중요합니다. 그러나 우리 힘의 본질을 이루며 그 힘을 통제하는 정신 역시 똑같이 중요합니다. 이것이 로버트 프로스트의 특별한 의미였습니다. 그는 현실을 가차 없이 꿰뚫는 직관을 통하여 사회의 진부하고 위선적인 태도들을 드러냈습니다. 그는 인간의 비극을 알았기 때문에 자기기만과 손쉬운 위안에 굳건하게 저항했습니다.'

다소 인용이 길어졌으나 부연컨대, 권력이 만사인 것 같고 권력 앞에 그 많은 사람들이 모여들고 함성을 지르고 하지만 한밤중 뜨락에 홀로 서면 밤하늘의 별 하나처럼 종내 한 사람의 자연인 이외 아무것도 아닌 존재라는 영원한 숙명 앞에 어른대는 그림자를 보리라. 정치와는 거리가 먼 사람이지만 이러저러한 인연으로 유명인의 출판기념회를 참석하고 돌아오면서, 현직에 있을 때와 자리를 잃은 오늘의 그분의 바뀐 자세와 세상 인심의 부침을 목도하니 오히려 정신이 명징해진다.

그의 삶이 위대해야지 위대한 연기를 한다고 하여 곧바로 그 사람이 위인이 될 수 없다는 엄연한 진실 앞에 서게 된다. 배우가 요한 바오로 2세를 연기했다고 하여 그 배우가 곧바로 교황이 지닌 품위와 인격과 그윽한 영혼의 주인이 될 수 없는 것과 마찬가지로 그럴듯한 흉내를 낸다고 하여 모두가 예술가라는 무관의 제왕 자리에 오를 수는 없는 노릇이리라. 존경받는 지도자의 자리를 원한다면 먼저 존경 받을 만한 삶을 사는 게 첩경인 것을.

위기에서도 개인은 스스로의 신조에 따라 행동할 수 있어야 된다는 일갈로 언론인들의 기세를 꺾은 엘리노어 여사의 일화는 고무적이지 않은가! 그런 시스템을 지키고자 몸소 행동으로 보여준 용기와 사랑의 힘이 한국에 파병된 사병의 입에서까지 존경한다는 감탄으로 쏟아지는 게 아닌가?

글쓰기의 어려움

잠시 눈을 붙였다 생각했는데, 벌써 저녁이 되었다. 창밖이 어둑어둑 땅거미가 내리고 건너편 외딴집 앞의 가로등이 켜졌다. 전에는 못 보던 가로등이 들어섰다. 오늘 종일 집에서 한 발자국도 나가지 않았다. 요즘에는 모든 일이 귀찮고 성가시고 무의미하기만 하다. 르완다를 떠나며 '24년간의 내 인생은 낭비였소' 고백하던 벨기에 신부의 절규가 내 일처럼 가슴을 파고든다.

세상에 나 혼자만 버려진 듯 그 누구와도 연결되지 않는 듯 외롭고 적막하다. 내게는 아무도 없다는 사실이 엄연한 맹수의 아가리처럼 버티고 있다. 무엇을 입고 먹을까를 걱정하지는 않는다. 그러나 무엇을 위해 살아야 하나 하는 삶의 목적은 사뭇 떨릴 정도로 진지하게 고민이 된다. 이제 이 어중간한 나이에 무엇을 위해 헌신하나? 그동안 죽을둥살둥 뛰었다. 그 결과가 고작 이거란 말인가? 이렇게 아무것도 아니란 말인가? 울고불고 땅을 치고 싶다!

소연네가 뉴욕으로 이사 간다 생각하니 허전하다. 이제 그나마 내 곁을 사랑하는 사람들이 다 떠나간다. 소연 엄마의 철석같이 견고한 믿음 앞에 나는 두 손을, 아니 무릎을 꿇어야 된다. 신앙이 그 정도 되어야 이렇듯 자유롭게 그 길을 걸어가는가 보다. 짐을 싸느라 여념이 없다는 비명이 그러나 꽉 찬 희망에 들떠 흥분하고 있는 듯하다.

뉴욕에서 쓰시려고 그런 시련을 내리셨나? 그간의 소연 엄마 삶은 하느님을 향한 사랑으로 오로지 그 사랑으로 버텨온 나날이었다. 아이들 교육까지도 이미 하늘에 바쳤다. 그 말할 수 없이 순수하고 고운 소연 엄마가 이제 하느님의 일꾼이 되어 벅차도록 푸른 꿈을 뉴욕에서 피운다 생각하니 나까지 설렌다.

뉴욕에서 사는 소연 엄마를 상상하는 것은 어렵지 않은 일이다. 그 지성 그 인격 그 고결한 품성이 세계 제 1의 도시 뉴욕에서 꽃피기를 진심으로 기도한다. 이제 친한 가족 같았던 소연 엄마마저 떠나면 도룡동에 누가 남나? 한집에 살았던 인연도 보통 인연이 아녔다. 기억도 아련한 그 옛날의 인연이 새삼 떠오른다. 더 좀 따뜻하게 대해줄 것을 하는 아쉬움이 남는다.

이렇듯 허전한 것은 이루지 못한 꿈 때문인가? 무엇인가? 마음속에서 열정은 하늘을 찌르는데 이제 노인이 되어 뒤로 물러나야 할 시기가 다가온다. 받아들이기가 쉬운 일이 아니다, 노인이 되었다는 사실이. 어느새 이렇듯 세월이 가고 말았나? 어느 사이… 이렇듯… 그 무섭게 뛰던 날들의 의미가 이렇게 한줌의 주름살과 힘의 부침으로 잠을 자야 되는 노인이 되었단 말인가? 세상을 바꾸고 싶어 몸 달았던 이상이 이렇게도 평범한 노옹으로 남았단 말인가?

종일 장작불을 지피며 그나마 장작불 타는 열기와 재미로 심란한 하루를 보냈다. 편안하기로 하면 더 편한 사람도 없겠지. 나보다!

불이 없다면 더욱 미칠 듯 쓸쓸할 것 같아 불씨가 그치지 않게 장작을 피웠다. 그 덕으로 그나마 가다피란 인물과 시민의 권리, 너무나 평범한 인류의 이상과 개인의 존엄성에 관한 글을 한 편 썼다. 물론 손질을 해야 되지만 나로서는 오랜만에 글을 쓴 셈이다.

글을 쓴다는 것에 물론 더없는 카타르시스를 누리지만 동시에 그 압력이랄까 압박감이 갈수록 심해진다. 사람들은 내 글을 읽고 감탄을 하고 찬사를 보내지만 글을 쓰는 나는 그야말로 나의 온 정신 젖 먹던 힘까지 다 쏟는다. 한 자 한 자 어순은 물론 표현력까지, 또한 그 글의 진위성 여부까지 엄격하게 걸러내야 되는 내 뇌수 속의 작업은 그야말로 치밀하고 신속하고 그 깊은 어둠 속을 더듬는 노고는 바다 속의 콩을 찾듯 거룩하기까지 한 일이다.

글을 많이 쓰는 사람들의 그 무한한 에너지와 능력에 나는 늘 입을 다물지 못한다. 주변의 지인들이 글을 더 써 주기를 간청하는 경우가 있는데, 글을 쓰려면 온갖 번잡한 일상을 초극해 무한한 집중력으로 오로지 글 속으로만 잠수해야 되므로 그것이 그렇게 단순하지가 않다. 나의 고뇌를 피력하면 알 듯 말 듯 아리송한 고갯짓을 보인다. 아마 재능이 부족한가보다 하는 뜻인지도 모르겠다. 아무 때고 시시각각으로 글이 줄줄 누에고치에서 비단실 뽑듯 쏟아져 나온다면 얼마나 좋을까?

쉽게 글을 쓰는 사람이 어디 있으랴? 글이 곧바로 그 사람이라고 할진대 말이 사상의 집이라고 한 말은 글이 곧 사상의 집이란 뜻 아닌가? 글쓰기가 쉬울진대 비트켄슈타인은 왜 노르웨이 송네피요드까지 찾아가서 그 초절된 사유의 시간을 보냈겠는가? 원고지를 마주하고 앉으면 이 시정 속에서도 사막의 은수사처럼 고독 속으로 무한여행이 지속되거늘….

어쩌면 글쓰기의 고통은 살아있음의 변형된 축복인지도 모르겠다.

삼위일체 축일 체육대회

– 하느님 우리들 대자연

꾸무럭대다 10시가 넘어 화학연구원으로 비호같이 달려가니, 잔디밭 가운데에 임시 제단을 꾸며놓고 지휘자가 앰프의 음향을 조절하고 있다. 미사 시간에 늦지 않았을 뿐 아니라 제일 먼저 제단에 나온 단원이 되었다.

신부님은 새벽미사에 소나기가 쏟아져 비가 계속 오면 성당 안에다 의자를 놓고 행사를 치러야 되나 한 걱정이셨다고 한다. 기상청에서 지나가는 비라고 하여 야외미사를 열게 되어 천만다행이라는 안도의 표정이다. 삼위일체 축일의 은총을, 하느님 사람과 대자연이 합일이 되는 이런 체육대회에서 체험한다는 강론이 낭랑하게 운동장에 메아리친다.

평소에 만나기 어려운 반가운 얼굴들을 한몫에 볼 수 있는 체육대회는 참으로 행복한 잔치이다. 각 반마다 경쟁하듯 삼겹살을 굽고 된장을 끓이는 냄새가 진동한다. 이를 물었던 다이어트도 벌써 물건너갔다.

모니카 외손녀를 받아 안아주는데 낯을 가리지 않는다. 무럭무럭 자라는 건강한 아기 얼굴빛이 복숭아 같다. 낯을 가리고 울고불고 하면 아무래도 한 번이라도 덜 안아주게 된다. 어른들 품에 크는 효림이는 사람을 무척 따른다. 이대로 안고 가도 되겠다고 하니 당장 조심하자고 큰일 나겠다고 우스갯소리를 한다.

제기차기를 시작으로 각 종목이 진행된다. 어렸을 때 제기차기까지 했으나 지금은 다리가 올라가지 않는다. 파도타기는 어른들이 두 줄로 마주보고 양손을 잡고 다리를 만들어 아이들을 태워서 넘기는 게임인데 만만찮은 힘이 든다. 가벼운 어린이는 인형처럼 팔등에 태워서 넘기는데 큰 아이가 넘어오면 힘이 부친다. 여하간 남녀를 불문하고 어른들이 아이들을 태워주는 게임은 정답기 그지없다. 한빛당 편이 이겼다. 하상당 팀인 우리 구역이 노인들이 많기 때문이다.

그 다음 약식 축구에 나갔다. 젤뚜르다 형님은 만능 스포츠 우먼이시다. 나는 전반전에 멋도 모르고 공격에 가담했으나 도저히 패스를 정확하게 하지 못하겠다. 공이 골문 가까이 거의 페널티 박스 근처였던 것 같은데 엉겁결에 가볍게 손이 먼저 나가 핸들링을 하는 사이에 공을 빼앗겼다. 좋은 기회를 놓쳤다고 젤뚜르다 형님이 혀를 찬다. 나의 실력이 안 되는 것을 어찌하랴?

후반전에는 수비에 가담하여 과감하게 몸싸움을 하면서 공을 쫓아다니니 제법 축구를 하는 맛이 난다. 공이 페널티 근처에 오면 무조건 달려가 엉겨 붙으면 공을 차서 넣지를 못한다. 수비라면 자신이 붙는다. 비록 젊은 자매들과 엉키다가 힘이 부쳐 잔디밭에 나뒹굴긴 하였지만 창피하다거나 쑥스럽기는커녕 젊은 사람들과 함께 뛰며 공을 차고 한다는 사실만으로도 장해서 흥분이 된다. 골골해서 약봉지를 달고 다니는 친구들도 있는데 큰 축복 아닌가?

작은 수녀님은 수녀복을 입은 채로 정신없이 공을 쫓아다닌다. 몸을 사리지 않고 적극적으로 뛰어 다니시는데 맨다리를 다치지 않을까 염려된다. 나도 공을 막다가 자매님 등산화인지 날카로운 구두 축에 찔렸다. 무슨 운동화인지 날카로운 운동화는 신지 않는 게 상식이겠다.

후반전도 눈 깜짝할 사이에 지나가고 호루라기가 울린다. 얼굴이 달아오르고 땀이 나고 열이 후끈후끈 난다. MVP 는 우리 편의 골키퍼가 선정되었다. 평소에 연습을 조금씩 하면 훨씬 재미있는 게임을 하겠다. 그러나 일상생활에서 이런 운동을 하기란 나의 삶에서는 거의 불가능하다. 그러니 연중행사인 체육대회를 손꼽아 기다린다.

대단한 선수라도 된 듯 운동장에 줄을 지어 입장을 하고 함께 시합을 하는 등의 행사는 얼마나 귀한 시간인가? 지난해는 가까스로 줄넘기에 뛰어 들어는 갔으나 두 바퀴 뛰고 줄에 걸려 나뒹굴었다. 그 때의 쾌감이라니! 민망하다거나 무안하기는커녕 어린 날의 나로 돌아간 그 기쁨이 어찌나 큰지 많은 사람 앞에 형편없는 꼴을 보인 것이 깨소금 맛이다. 내가 더 고소해서 깔깔 웃으며 툭툭 털고 일어났다.

하느님은 모자라고 약하고 어리숙한 사람을 더욱 사랑스럽게 여기실 분이다. 흉보고 백안시하지 않고 머리를 쓰다듬으며 격려를 해주실 분이다. 잘나고 멋지고 화려한 스타만을 좋아하실 리가 없다. 이렇게 약점 많고 힘도 없고 믿는 족족 발등을 찍히는 가녀린 나를 가엾이 여기시고 넘어진 내

손을 잡아 주시는 하느님을 오늘 잔디밭에서 일어나며 느꼈다.

축구 경기를 보다 보면 상대팀 선수든 아니든 넘어진 사람 손을 붙잡고 일으켜 주는 장면을 볼 때가 있다. 냉혹한 승부의 세계라지만 사람 사는 세상이라는, 선수가 피가 돌고 울고 웃는 사람이라는 휴머니즘을 느끼게 한다. 잘못을 범하고 약점이 수두룩한 나 같은 사람을 오늘도 하느님은 어여삐 여기시고 손을 잡아 일으켜 주신다. 운동장에서 아이처럼 천진하게 뛰어 놀도록 베풀어 주신다. 냉담하고 있는 친구를 떠올리며 성당에 나와 하루빨리 다시 미사를 드렸으면 하는 마음으로 기도를 하고 있는데 전화가 온다. 기도의 응답이 번개 같다!

O X 퀴즈는 일찌감치 떨어져 나왔다. 우리성당은 가장 깨끗한 사람이 모인 곳이다. O줄로 갔더니 목욕탕이 제일 깨끗한 곳이라고 하여 줄줄이 떨어져 나왔다. 최종 2인의 우승자에 안나 형님과 장년의 형제분이 상을 탔다. 역시 신심이 깊은 분들이 끝까지 남는다.

마사이 신발을 기증했더니 마라톤 우승 상품으로 포장을 해 놓았다. 기증자를 밝히지 말라고 한 그대로 아무 설명 없이 행운권 추첨으로 상품을 수여했다. 안면이 없는 자매가 타갔다. 누가 타갔든 잘 신으면 대만족이다. 빨간 마사이 신발이 마라톤 우승 상품으로 택해졌으니 나의 기쁨은 더욱 배가 된다. 젬마 형님께 살짝 마사이 신발을 경품으로 내놓았다고 하니 그 신발이 꼭 자기에게 당첨이 되어야 한다고 애원한다.

소나기가 공주에 퍼붓고 있다 하여 마라톤을 생략했다. 천막을 걷고 수건을 한 장 받고 집에 돌아오니 4시. 이렇게 신명나고 즐거운 체육대회를 참석하지 않는 사람들이 딱하다. 진수성찬을 차려놔도 외면하고 안 먹는 바보와 다름없다. 복을 차버리는 사람이라고도 하겠다. 승패에 불을 켜는 것도 아니고 오로지 즐거움과 친교, 하느님의 사랑이 대자연 속에서 폭포처럼 쏟아지는 이 축복을 피해 아파트에서 나오지 않고 냉담하고 있는 친구가 떠올랐다. '모든 것을 갖춘 가나 혼인 잔치'의 비유를 곰곰 되새기며 그러나 기도하는 길밖에 또 다른 길이 있으랴?

상

크리스마스에 열흘 간격으로 이러저러한 상을 받은 폭이 되었다. 생각지도 안은 상이 굴러들어온 것이다. 연락을 받고 더 적합한 수상자를 권면하고 말고 할 겨를 없이 직권으로 오라고만 하고 전화를 탁 끊어 버린다.

상의 의미가 무엇일까? 엄격히 말하면 우리는 누구나 일상의 상을 받아야 될 사람들이 아닌가? 전쟁에 진 노예들이 주권을 상실함과 동시에 부역이란 굴레를 뒤집어쓰듯이 모두가 일상이라는 굴레를 뒤집어쓰고 이 고단한 세상 속에서 눈감는 그 날까지 쉴 새 없는 노역을 하지 않을 수 없는 게 우리의 숙명일진대 묵묵히 일상을 짊어지는 그 무한한 순명은 무조건 누구나 상을 받아 마땅하다고 할 것이다.

상은 누구나 받도록 많이 나누어 주면 줄수록 좋겠다. 인류가 너무도 고달픈 나날 속에서 일종의 축제, 휴식, 기쁜 놀이의 한 방편으로 상이란 인류 전통을 만들어낸 것이리라.

파블로 네루다의 자서전을 보면 노벨상 수상자가 되기까지의 진솔한 심경을 토로한 일화가 나오는데 참으로 공감 가는 대목이 많다. 리허설을 하는 일정까지 꼼꼼하게 서술을 하고 있다. 리허설의 필요를 비단 노벨상 같은 인류 최대의 화려한 상이 아니라도 절감한 경험이 있다. 의당 참석했어야 되는 수상자가 호명이 된 후에 불참한 것을 알았을 때의 황당함, 행사 당일에서야 못 오겠다고 알리는 수상자 등 시상식을 주도하는 단체 대표로서 겪는 고충이 한두 가지가 아니다.

수상자 석을 따로 앞에 마련해 놓는 것도 시간 절약과 신속한 행사 진행을 위한 취지이겠다. 맨 뒷자리에 앉아있다 부스럭대며 나오는 시간도 공식행사 일정을 지연시키는 요소가 된다. 사회자가 수상자 석에 모여 달라는 당부를 여러 번 하건만 중앙에 자리 잡은 수상자들이 요지부동이다. 중앙에 앉은 높으신 분들이 사회자 지시를 순응하지 않는다. 이런 폐단은 지양되었으면 좋겠다. 사회 보는 사람도 거들어 줘야지 글쎄 자기들 기분에 도취되어 꿈쩍도 않으면 사회 보기가 흥이 나겠는가?

우여곡절 끝에 상을 받고 단상에서 내려오니 후유 한숨이 나온다. 상을 줄 때도 긴장되더니 상을 받는 입장이 되어도 여전 긴장이 되는 것은 마찬가지다. 많은 사람 앞에 선다는 자체가 긴장의 연속이기 때문이다.

형제들이 무척 기뻐한다. 언니는 누구보다도 옆에서 내가 하는 일을 잘 이해하기 때문이다. 솔직히 거북한데, 주위에서 기뻐하니 보람 있는 일로 받아들이기로 했다. 이 상을 받자고 내가 그렇게 불철주야 뛰어다닌 것은 아니지만, 이 분들이 내린 결정 그 분들의 식견을 존중하기로 작정했다. 과연 내가 수상자에 적합했나를 따지면 더욱 부끄럽고 앞으로 더욱 조심 신중하게 처신해야 됨을 깨달았다고나 할까?

진정으로 축하를 해주는 분들을 보면 감사함은 물론 이런 분이야말로 향후 분명 수상자가 될 분이라는 예감이 온다. 간혹 심술이랄까 냉랭한 무관심에서 외면하는 듯이 어색한 경우도 겪지만 나로서는 그런 분들께 어떤 해명도 해드릴 수 없다. 남의 시기심까지 우리가 책임을 질 수는 없는 노릇 아닌가?

상을 추천하여 상을 받도록 백방으로 뛰었던 즐거운 추억이 있다. 아마 단체를 이끌면서 받은 보람이겠다. 추천 사유를 충분히 설득력 있게 표현하여 상정하는 과정이 그리 간단한 것은 아니다. 어떻게 보면 한 사람의 일생을 총정리하여 에센스만을 요약해야 되는데 그게 그리 간단하겠는가?

특히 대 선배님들 세대에 무슨 사진이나 자료가 충분하겠는가? 빛바랜 적십자 카탈로그를 확대 복사하여 참고자료로 끼우고 연필로 써서 보내신 자기 소개서를 다시 컴퓨터로 정리하여 가까스로 대전시청에 제출했다. '바른손이 하는 일을 왼손이 모르게 하신 분'이란 점을 마지막으로 강조하여 추천서를 마무리 지으면서 박장대소를 한 기억이 남아 있다.

수상자 결정을 이재숙 선생님이 미리 알아보고 전화를 해주었다. 퇴근길에 받았던 전화통을 통해 기뻐서 서로들 소리쳤던 추억. 동료들끼리 단결과 화합의 실체가 이런 화목한 국면 아닌가? 내가 받아야지 하는 욕심에 사로잡히지 않고 선배를 추대하고 뒤에서 밀어 올리고 옆에서 거들고 하는 이런 보이지 않는 화합의 총화가 한 개인의 수상에 이르는 것이다.

한 개인이 뛰어나기 위해서는 이렇게 뒤에서 보이지 않는 많은 사람들의 협력과 사랑의 결실이 바탕이 되는 것이다. 상금을 골고루 나눠 주신 아량도 멋지기만 하다. 대전시 여성상 수상자이신 인성의원 원장님 수상에 얽힌 에피소드이다. 일치단결하여 상을 받도록 한 것은 참으로 아름다운 일이다. 시상식에도 나는 당연히 시종처럼 대령하여 끝까지 따라다녔다.

상을 준 적도 적지 않았다. 특히 참신한 인물을 발굴하여 영예로운 상을 받게 하기도 했다. 지난해 일이었다. 상을 주면서도 행여라도 부담을 주거나 하는 주문은 일체 하지 않았다. 왜 우리는 꼭 누군가에게서 무엇인가를 받아내야 직성이 풀리는가? 자본주의 사회에서 사는 한 그 생리를 벗어나기 어렵다 하더라도 나는 이 자본주의의 횡포와 굴레에서 단연 자유롭고 싶다.

내가 추천하여 상을 받은 후배가 소리 없이 후학들을 위해 거금을 쾌척했다는 소식을 훗날 들었다. 세상에 그렇게 잠잠하더니 조용하게 사랑을 실천한 것이다. 내 어깨까지 으쓱 올라간다. 그래 내가 사람을 참 잘 판단했던 거야 하는 말이 나도 모르게 튀어나온다. 감투란 감투는 죄다 낚아채고 돌아다니는 무리들에게 상을 헌납하지 않은 나의 결벽도 이런 때는 소용이 닿은 게 아닌가?

누가 상을 받는다면 내가 더 신이 나는 이 버릇은 런던에서도 꺼지지 않아 나의 튜터가 상을 받아 꽃집 페쉬를 들락대던 그 옛날이여!

나는 말없이 상을 받고 돌아오면서 내가 축하를 해줬던 그 많은 사람들을 죄다 잊어버렸다. '나는 이렇게 했는데…' 하는 단서가 일어나면 불편해지기 때문이다. 그 놈의 계산이란 것에 아주 둔하게 만든 부모님께 나는 참으로 감읍한다. 이렇게 내가 얼빠진 사람처럼 매일매일 행복하여, 눈만 뜨면 나를 기다리는 환자들이 계신 교외의 병원을 향해 카레이서가 된 듯 지상의 비행기라는 싸브의 위력을 이제야 맛보는 나날, 상을 받고 더욱 활기찬 아침이다.

동해찬가

동해에 하루를 머무르며 나는 최고로 한가한 시간을 보내고 있다. 바다를 옆에 끼고 눈부신 가을빛 속으로 달려와 바로 코스모스 호텔에 가방을 풀고는 편한 옷차림 그대로 무조건 동쪽을 향해 걷는다. 훤한 대낮에 호텔방에 앉아 있다는 것은 좀이 쑤실 일이다.

낯선 장소에서의 두리번거림과 한편으로 솟아오르는 미지에의 호기심으로 두근두근한다. 바다가 보일 때까지 무조건 발길을 옮긴다. 건널목을 지나니 철길 너머 바다가 그 너른 가슴을 벌리고 나를 기다렸다는 듯 환영을 한다. 아니 내가 그렇게 바다에게 무언의 명령을 내린다. 이렇게 멀리 온 나를 특별히 더 열렬한 환영을 하는 게 마땅한 일 아닌가!

내가 걸을 수 있는 최고의 느린 속도로 마치 굴러가듯이 발길을 떼며 나는 순간순간 길 위에서 시간을 보내고 있다. 내게 얽혀 있는 모든 굴레를 잠시 벗어 놓고 이렇게 낯선 거리를 거니는 기쁨을 어디에 대고 소리쳐야 하나? 시간의 호사야말로 내가 누리는 최고의 호사가 아닌가? 노예처럼 전전긍긍 시간에 볼모잡혀 세월을 잊고 살았던 지난날들이 저만치 과거의 시간으로 안장되어 있다. 나의 인생이 겨우 이 이 작은 휴식을 누리자고 그렇게 밤낮없이 포로처럼 뛰었단 말인가? 미친 사람처럼 뛴 삶이 그래 그다지도 장하였던가?

죠지 기씽의 수상록을 보면 '겨우 이거였더냐?'는 인생에 대한 회오 비탄의 글들이 가을 편에 나오는데 사무치게 공감되어 아예 페이지를 접어놓고 생각날 때마다 되읽는다. 인생의 허무를 느끼는 동지가 이렇게 가까이 시공을 초월하여 존재한다는 커다란 위안을 받는다. 처칠까지 깊은 회한으로 우울해하여 시름에 젖어 자녀들까지 무망하게 만들었다는 숨은 일화는 어쩌면 범인들에게 커다란 희망을 주는 역설적 위안이겠다. 한 나라를 구한 영웅도 말년에 그런 허망감으로 울부짖었다니!

그동안 내가 동해에 이렇게 머물 일은 거의 없었다. 그러나 출중한 후배를 둔 인연으로 이렇게 결혼식을 축하하러 여기저기 걸린 모든 일을 거절하고 온 것이다. '다문화 가족 페스티벌'과 결혼식이 겹쳐 양해를 구하고 관동으로 기수를 돌렸다. 지난해에도 다문화가족 의료봉사에 희규 결혼이라 참석하지 못했다.

2008년 11월 마지막 주말에 강릉 동문회를 방문했던 일이 떠오른다. 그리운 후배들을 만나 저녁을 먹고 그간의 회포를 풀고, 김충현 소아 청소년과 원장이 아쉬워서 경포대 현대호텔 커피숍을 안내하여 맛난 커피를 사줬던 일, 이영하, 송인숙, 서선원까지 동반하여 고성 콘도로 올라와 칠흑같은 밤바다 속 콘도에 투숙했던 일, 벌써 지나간 시간이 된 옛날이야기가 물밀듯 일어난다. 세월이 살같이 흘러 그 아들 결혼식에 하객으로 참석차이 동해에 왔으니. 사람들 인연은 메두사 머리처럼 신비하다.

동해라는 지명이 나는 약간 어리둥절하다. 새로운 변화에 재빨리 적응하지 못하고 갸웃한다. 인구 10여만의 작은 도시로서는 동해라는 이름이 광활하지 않은가? 작은 사람이 너무 큰 옷을 입은 모습이 연상이 되기도 한다. 옛날에 묵호로 배우고 들었던 지명이 더 친숙하게 남아 있다. 영국의 사우쓰씨(Southsea)라는 지명을 들었을 때의 의구심과 유사한 느낌이다. 사우쓰씨는 셜록 홈스를 세상에 내보낸 코난 도일이 개업했던 곳이다. 병원 문을 열었으나 환자가 오지 않아 무료한 시간에 손을 댄 작품이 일약 유명해져 불후의 탐정작가가 되었으니, 사우쓰씨는 도일 경에게 영원히 감읍할지어다. 홈스를 잉태한 도시가 그곳이었으니 그것만으로 충분히 뽐낼 일이겠다. 홈스는 살아 있으니 사우쓰씨는 이름값을 톡톡히 받고 있는 게 아닌가! 망망한 수평선 너머 전 세계 애독자를 베이커 스트리트로 끊임없이 끌어들인 원동력이 사우쓰씨의 텅 빈 시간과 출렁이는 해일, 파도소리가 배경 아녔더냐?

동해의 코스모스 호텔에 가방을 풀고 아직 해가 남아 어슬렁어슬렁 천천히 구르듯이(stroll) 바다가 보이는 곳, 동쪽을 향해 걷는다. 길이 운동장만하게 넓고 건물도 드문드문 서있어 도무지 우리나라 같지가 않다. 바글바글대고 촘촘하고 아귀다툼 속에 젖은 내게 이 동해의 영역감은 참으로 가늠하기 벅차다. 요크의 한가함이 떠오르고 몰본 아니 웨일즈 접경의 해변가 릴도 떠오른다. 행인은 눈에 띠지 않고 차는 쏜살같이 달린다. 그러고 나면 바닷가는 이내 한유하고 무한 고적하다. 광대한 바다, 포용의 바다는 파도만이 철썩댄다. 단 5분이라도 바다와 눈맞춤을 해야 직성이 풀리겠기에 나는 마치 영원한 고향 태고의 원점으로 돌아와 참배를 하듯 바다 앞에 경건하게 안녕을 고한다. 내가 살아 돌아왔노라며….

저녁은 삼정식당에 가서 김치 만둣국을 시켰는데 내가 먹은 만둣국 중 최고로 맛있는 만둣국이었다. 국물이 개운하고 파래 고명을 얹은 국물이 그리 맛깔스럽다. 만두도 느끼하지 않고 동그랗게 손으로 빚어 강원도 풍미를 한껏 우려냈다. 의외로 이렇게 맛있는 만둣국을 먹어 입이 떡 벌어졌다. 강릉에서 급히 헤어진 사촌 정신이 옆에 있었으면 얼마나 맛있게 먹었을까?

전날 고성 금강산 콘도 앞 음식도 더덕장아찌와 고추무침 그리고 된장찌개가 너무도 맛있어 기갈 들린 사람처럼 포식을 했다. 된장이 이리 맛있는 것은 강원도가 청정하여 햇빛과 공기가 맑아 이렇게 제대로 된장 맛을 간직하고 있다 하겠다. 맛있는 된장이라면 한산모시 된장까지 찾아가 먹던 내가 금강산 콘도 입구에서 입에 딱 맞는 된장을 만났다. 어린 시절 어머니가 담근 그 된장 맛이 여기서 되살아난다. 나는 시중에서 파는 된장을 질색한다. 이것은 일본식 된장이지 우리 된장이 아니다. 그 누런 빛깔도 햇빛에 숙성되지 않았다는 증거인 것이다.

나는 강원도 연고가 없어 거의 이 관동 지역은 잘 다니지 못했다. 어쩌다 일이 있어 왔어도 대개 회를 먹어서 이런 된장을 제대로 먹어보지 못했는데 이번에 비로소 강원도 전통 토속 음식을 대접받고서 강릉이 유서 깊은 전통의 향리라는 것을 사무치게 확인했다. 채반에 갖가지 음식을 받쳐서 내오는 것을 보고 얼마나 정다웠는지 모른다. 옛정취가 되살아나 그 멋스러움이 경건하였다. 해산물이 풍부하고 싱싱하니 자연 국물이 맛날 수밖에 없겠다. 나물 종류도 산세가 빼어나니 오죽 풍성하랴? 밭에서 고구마를 캐는데 아주 빨갛다. 토양이 잘 맞으니 빛깔도 곱다.

저녁 먹고 돌아와 8시 반 쯤 핸드폰을 체크하니 6시 너머 선원의 전화가 찍혀 있다. 숙소에 들어와 있고 내일 예식장으로 가겠다는 메시지를 보냈더니 잠시 들른다고 한다. 와이프가 갈아준 토마토주스를 들고 내게 들렀다. 주스가 무척 맛있다. 토마토주스에 무엇을 넣었을까 색다른 맛이다. 손님이 너무 많아 정신이 없는 눈치이다. 빨리 돌아가라고 했다. 잔치, 상중에는 주인공을 오래 붙잡으면 곤란하다. 친교는 평소에 여유 있을 때 나누고 행사시는 각자 몫에 충실해야 된다. 대전에서 내일 누가 오지 않나 내심 기다리는데 글쎄 어떻게 될지 모르겠다. 워낙 거리가 멀어 선뜻 참석하기가 쉽지 않은 노릇이다.

이렇게 동해 속으로 숨어 들어와 호텔에 들어앉아 있으니 그리 홀가분할 수가 없다. 컴퓨터가 앞에 놓여 있으나 근처도 가고 싶지 않다. 나는 쉴 때는 쉬고 일할 때 일한다. 특히 생활터전을 떠나와서는 일은 더 이상 하지 않는다. 여행지에 와서까지 컴퓨터를 보고 책을 보는 사람들을 보면 대단히 부지런한 사람이라는 생각이 든다. 나는 일체의 활자 미디어와 결별을 하고 그저 먹고 쉬고 생각을 하는 것으로 일을 마감한다. 내 눈도 더러는 활자에서 해방되어 바다와 별과 바람과 길가의 꽃나무들을 보는 호사를 누려야 되지 않겠는가? 책을 안 보면 난리 나는 나의 이 버릇에서 놓여 나는 것으로도 큰 축복이다. 우리가 누구를 사랑하면 자유롭게 그를 놔줘야 되는 것처럼 내가 사랑하는 일들이라도 더러는 이렇게 완벽하게 쉼을 허락해야 되리라. 이렇게 편안하게 오붓하게 혼자 시간을 안고 있으니 도무지 황홀하다. 건너편 모텔에서 간간 왁자지껄 하는 소음이 관광지임을 알려준다.

아침에 눈을 뜨니 몇 군데 모기에 물렸다. 모기에 뜯기는 줄도 모르고 곤하게 잤으니 억울할 것 없겠다. 호텔 앞 집 데크에 앉아 아침을 먹겠다 했더니 부득불 방 안에서 먹으라고 호령하여 건너편 저녁 먹은 집으로 왔다. 아침 메뉴는 해물순두부가 있어 주문을 했다. 해물순두부는 처음인데 신기하게도 무척 맛있다. 맵지 않고 두부 그대로 국물에 해물이 우러나서 개운하다. 이번 강원도 체류는 운 좋게 가는 곳마다 음식이 내 입맛에 맞는다. 강원도 사람들은 조미료를 덜 쓰고 옛날식으로 음식을 조리하므로 내 입맛에 딱 맞는다.

음식이 맛있다고 감사의 말을 전하고 돌아와 가방을 꾸리고 코스모스를 나왔다. 미장원에서 머리를 하고 궁도장으로 오니 혼주인 회장님이 벌써 와서 진두지휘를 한다. 나는 나대로 혼주의 차에 가방을 맞기고 장내를 돌아보며 체육회 건물에 와서 메모를 한다. 오 회장님께 전화를 하나 받지를 않는다. 오 회장님은 오실 줄 알았는데….

연대 중창단이 연습들을 하는지 행사장 인근이 찌렁찌렁 울린다. 이 소도시에서 이런 야외 예식은 드문 일이겠다. 동해시의 행사가 된 격이다. 미용사까지 예식 구경 간다고 벼를 정도이다. 거의 시간이 되어 행사장으로 갔더니 하객들이 물밀듯 차 있다. 그 중에도 대전에서 온 사람들이 없다. 강릉 동문들이 한 명이라도 오려나 하고 입구에 서 있는데 임박해서 후배인 김 원장이 들어온다. 천만다행이다. 날씨는 가을인데도 덥다. 이상기후이다. 옷도 약간 덥지만 어찌 할 도리가 없다. 꽃 문과 군데군데 꽃 장식이 은성하기 이를 데 없다. 아드님은 행복하여 연신 입을 다물지 못한다. 신부도 절세미인이다. 예식을 전통과 현대식을 절묘하게 배합하여 시종일관 화기애애하면서도 장엄하게 진행된다. 지도교수 한양의대의 주례도 참신하다. 사회도 의대 동기가 보는 것이 정답다. 군의관 동료 부대원들이 의전을 맡아 주어 더욱 웅장하다.

아들을 낳아 키워 이렇게 내보내는 아버지의 마음이 얼마나 벅찰까? 내 마음까지 흐뭇하고 애틋하기도 하고 부럽기도 하다.

식이 끝나자 김소아과 원장이 여기서 식사를 하지 말고 강릉으로 나가서 식사를 하자고 하여 가방을 찾아서 식장을 나왔다. 임무를 끝낸 후유한 기분이다. 대전에서 병원장 동기가 오지 않을까 은근히 기다린 눈치이다. 나도 누구보고 가자고 권유하기도 거북하여 미리 사촌을 앞세우고 강원도로 넘어와서 그예 이 예식에 참석하였다.

임기를 마치면서 이 동해쪽에 올 일은 없겠다 했는데, 그 후에도 간간 총동창회 간부들과 동해를 동행했다. 그 때마다 선원의 환대가 따랐다. 모교 사랑이 누구보다 열렬한 선원에게 입은 누를 이 가을 하객으로 와서 지난날들의 소중한 의미를 되새긴다. 대전에서 많은 하객들이 와서 축하를 해주면 더욱 은성하련만 총장님이 보내주신 화환으로 만족해야 되나?

아름다운 동해.

길이 운동장처럼 넓고 행인이 얼마 보이지 않는 도시 동해.

이 작은 고장이 동해란 거대한 이름을 짓고 한껏 야심과 원대한 포부를 품고 있는 것을 보니, 이 도시가 앞으로 북방으로는 블라디보스톡을 경유하여 발틱까지 진출하여 북해를 호령하고 남으로는 일본 태평양을 향해 포효하리라. 폭스톤(영국 도버해협 유로터널 출발지)이 무지개 뜬 도시라고 하더니 결국 유로터널이 열리면서 무지개다리가 열리듯이, 동해도 미래의 어떤 시점에서 태평양의 관문이 될지어다. 남북이 하나 되면 더욱 이 동해는 요로가 되어 발 디딜 틈 없는 분주한 도시, 마치 트리에스트 같은 요충지로 둔갑하지 않을까? 물론 그런 날이 올 때쯤 이미 나는 먼지화하여 오로지 영적 기류로 이 바다를 채우리니, 그 얼마나 경묘하고 자유로운 상태이려나?

이 동해에서 젊음을 바친 선원의 헌신과 장남의 혼인예식을 축하하며 여기서 동해찬가를 마친다.

이름과 호

어린 시절 대개 자신의 이름에 대해 불만이랄까 불편을 느끼지 않고 어른으로 넘어온 사람은 드물 것 같다. 정체성의 한 통과의례이듯 이름에 대해 왕왕 집착한다. 이름을 보면 그 시대의 기호랄까 풍습 유행, 즉 의식이 반영되는데, 세상이 급변하면 그 시대 유행하던 이름이 빛을 발하기 어렵게 된다. 생질녀가 호필好必이란 이름을 꺼려하고 미경으로 지어 달라고 졸랐던 일화가 있다.

나는 이름에 대해 딱히 고민하지는 않았으나, 대학 때 국문학자로부터 이름과 사람이 안 맞는다는 이야기를 들었던 일은 있다. 이름이 촌색시 같단다. 우물가 물 긷던 시대 처자 같다나, 뭐 그런 해석이었다. 내가 본래 시골 태생인데 촌스럽다는 게 뭐 그리 흉인가?

그러나 런던으로 기를 쓰고 날아가 정신의학에 몰두하던 시절 영국인 동료들이 정 발음을 제대로 하지 못한다는 것을 알았다. 우리발음의 [ㅈ]이 로마자로는 표기가 안 되는 것이다. [ㅊ]은 발음을 하는데 '정'에 대해서는 쩔쩔매며 오히려 [t] 로 바꿔 부르는 친구도 있었다. 특히 병리과의 도린이 Tonya라고 아예 자기 편한 대로 부르기도 했다. 물론 제일 먼저 닉네임을 지어준 친구는 사이프러스 출신의 아름다운 레니였지만. 이러저러 이름을 떠올려 보기도 했지만 너무 경박한 이름은 꺼려지고 또 이름에 허비할 시간도 없이 드디어 귀국하였다.

그 해 봄 아버지께서 사랑마루에서 호 이야기를 꺼내시며 내 의향을 물으셨다. 지나보니 그 시간이 아버지가 내게 작정하신 유언의 시간이었다. 오래 생각하신 후 내게 특별한 시간을 내셨던 것이다. 땅을 주시지는 않고 호를 내리셨다.

먼저 난파蘭坡와 우당愚堂을 내 놓으셨다. 난파는 홍난파가 썼지만 호는 같이 써도 상관없다는 말씀과 곁들여 "네 넷째 삼촌 사주 첫머리에 단애에 핀 난초라는 뜻의 난파라는 문구가 있었다"는 말씀을 하셨다. 절벽에 핀 난초향이 바다 멀리 퍼져 배가 설사 길을 잃더라도 난향을 따라 육지에 닿는다는 예를 알려주신다. 얼마나 갸륵한가? 난초가 피고 지며 내뿜는 향기가 생명의 수호천사가 된다는 것이! 그러나 나는 와락 부담이 들어 난파는 사양하였다. 정신과 환자를 돌보는 것도 벅차기만 한 나는 "난파는 버겁고 우당으로 하겠다"고 말씀 드렸다. 전설처럼 유명한 넷째 삼촌 행적을 보면 도저히 엄두가 나지 않았다. 넷째 사촌 오빠를 포함한 우리 세대는 넷째 삼촌의 명성 덕으로 후광을 입었으나 암암리에 어깨가 무겁기도 하였다. 큰 나무 밑의 잡목들이 겪는 처지를 상상하시라! 우당이 좋겠다고 하니까 그래 너는 지극히 사람이 어리석으니 지우당으로 해도 괜찮겠다고 한술 더 뜨셨다. 바쁜 세월에 음을 덧붙이는 것은 복잡하여 우당으로 낙찰을 보았다.

이후 딱히 호를 쓸 일도 시간도 없이 세월이 흘러 어느 결에 환갑을 지나고 있다. 이제 병원 경영에도 손을 떼고 보니 호를 쓰는 것이 자연스럽게 되었다. 직함에서 벗어난 자연인으로서의 존재명인 호가 얼마나 정다운지 모른다. 호가 요사스럽지 않아 우선 편하다. 너무 멋지고 웅대하고 그런 호는 거북하다. 자리라는 것이 잠시 앉았다 일어나는 것일진대 그 자리 직함에 연연하여 자리를 고수하고 계신 노장들을 보면 그 분들의 에너지가 부럽지만 구태여 그 분들 길을 뒤쫓을 념은 없다. 온갖 직함들이 번거롭기만 하다. 현충원 장군묘역에 참배차 무덤 앞 상석에서 절을 하다 보면 일국을 지배하던 영웅도 이름 석 자로 간단하게 누워 있음을 본다. 전시의 영웅이었던 숱한 별들이 나란히 어깨를 마주하고 누워 있다. 그 함성도 그 열정도 그 울분도 들리지 않고 오직 차가운 이름 석 자만 단아하게 서있다.

아무 직함이 없는 홋홋한 호가 있다는 것, 나의 태의 근본이신 아버지가 내린 호를 쓰는 것은 나의 생명의 부여받음에 대한 감사와 어쩌면 그 분들의 유지를 받든다는 이중의 의미가 있다고 하겠다.

아이 패드의 시대건 달나라의 시대가 펼쳐지건 한 생명의 탄생과 죽음에 이르기까지 부모라는 존재의 영속성은 이름에서 아니 그 호에서 면면히 이어지리니….

꽃샘추위 단상

꽃샘추위에 열광하는 사람이 있을까? 아닌 밤에 홍두깨라고 돌연 단비를 바라는 기도를 배반하고 때 아닌 가루눈이 내리며 녹으니 젖은 길 하며 희뿌연 하늘은 안개도 아니고 구름도 아니면서 기묘하게 음산하다. 말레이시아의 천둥번개를 동반한 스콜이 몰려오는 여름 하늘에 푹 빠져 있다 돌아오니 더욱 날씨가 심란하다. 동장군은 눈부신 봄날에게 자리를 물려주기가 그렇게 아까워 이 뒤죽박죽의 날씨로 우리를 벌벌 떨게 하는가? 그예 발악 아닌 발악으로 심술을 부려 한겨울에도 잘 안 땐 장작불을 지피게 한다.

3층 서창 밖 목련 봉오리에 물오르는 소리 귓가를 간질이는 조춘에 웅크리고 앉아 불을 때야 되다니! 창밖에는 두터운 털 코트를 입고 다니는 사람이 보이고, 나는 20년 된 트렌치코트를 다 꺼내 입었다. 한술 더 떠 밤새 눈이 내려 우성이산이 온통 흰 눈을 이고 서있는데, 이 봄눈이라는 것이 해가 뜨면 자취도 없이 사라져 '지난해 눈은 어디에'라는 프란시스 비용의 비탄의 시구를 다시 한 번 떠오르게 한다.

아우구스투스 황제의 위력에 밀려 사흘을 빼앗긴 달 2월은 각 단체마다 임기를 마감하고 새로운 주인을 뽑는 일로 머리를 맞대고 신중 신중하게 단체장을 고르느라 숨이 턱에 닿는 달이다. 나도 엉겁결에 단체를 맡아 6년간을 동분서주했는데, 과연 그 자리에 합당한 인물이었나를 돌아보면 부끄러움으로 등에서 식은땀이 아직도 흐르고 있다. 자리를 맡는 것도 중요하지만 후임자를 잘 발탁하는 것 또한 똑같은 비중으로 중차대한 일이다. 여자 의사 동료들이 선배로서 보다 적극적으로 사회적 책무를 다하겠다는 자각 내지 의식이 결여되어 있는 현실은 애석하다. 직분의 임무는 단연코 희생봉사에 다름없건데 한사코 능력이 없다고 사양하는 데는 까마득한 허들 앞에 서서 절망하는 선수의 비애를 맛보게 한다. 천거를 하면 고사를 하는 것으로 그치지 않고 거꾸로 "한 번 더하라"는 권유는 혹 떼려다 혹 붙이는 격이다. 나는 민주주의 사회에서 혁혁한 공적이 있지 않는 한 특정한 개인이 장기간 자리를 차지하는 것은 바람직하지 않다고 믿는 소박한 사람이다. 오히려 새로운 회원들이 다양한 개성을 발휘하여 조화를 이뤄가는 단체가 더욱 탄력과 혁신의 길로 매진할 수 있겠다.

드골이 말년에 조금 망령을 부리긴 했어도 – 루이 14세의 유령이 씌웠던지는 모르나 "본인이 프랑스"라는 말을 뇌이긴 했어도 국민투표 결과에 두말 않고 향리로 돌아간 행적만으로도 전 세계인이 경의를 표하지 않았나? 굳이 국민투표에 붙이지 않아도 될 상황이었다는 것이 정치 비평가들의 식견 아니었던가? 평소의 콧대를 꺾지 않고 드골답게 처신한 것은 본보기로 남아 있다.

만델라가 전 세계인이 종신 대통령을 해도 시원찮다고 광분하는 시점에서 음베케에게 대통령 자리를 물려주고 표표히 권좌를 떠난 것은 두고두고 만델라 리더십의 비밀의 한 조항으로 기억된다. 리차드 스텡겔(타임 편집장)은 떠남의 리더십이 더욱 강하고 영구하다고 입이 마르고 무릎이 닳을 만치 만델라를 숭배하고 있다. 죽은 공명이 산 사마중달을 잡는다는 초능력의 화신이 비단 중원에 그치지 않고 트란스케이 움타타의 템부족 아들 마디바 만델라에에게도 그 초월적 존재감이 현현되었다고 할까?

떠날 때를 알고 떠나는 사람이야말로 순리를 따르는 자연인 아닐까? 나이 들면 우리가 살던 지구를 후손들에게 비워주고 떠날 차비를 하는 게 자연법칙이듯이 "끝이 좋으면 모든 게 좋다"는 독일 속담처럼 일정 기간 단체를 위해 숨은 봉사를 한 보람을 안고 홀연히 자리를 나와야 다음 사람이 미래의 태양을 향해 이카루스처럼 달려가지 않겠는가?

사월의 유혹

장학재단 이사장을 더 맡아 달라는 당부 아닌 당부를 듣고 완곡하게 사양을 하니 성을 내며 강권을 한다. 손님들이 와 계셔서 – 실제로 친구들이 들이닥쳤다– 다시 전화 드리겠노라 하고 끊고 대학의 후배에게 다시 한 번 나의 의사 "노우"를 정확하게 전달하고 서류상으로도 정리해달라고 간청했다. 못 이기는 체하고 그냥 맡을까? 그러나 그 자리를 수락한다는 것은 책임을 온전히 떠안겠다는 각오와 역량이 겸비되어야 할 텐데 나는 그만한 인물이 못 된다. 겨우 내 시간을 찾고 있는 나로서는 더 이상 굴레를 쓰고 싶지 않다. 현재 심경이 그렇다. 무엇을 더 탐한다는 말인가?

미력하나마 단체를 맡아본 경험은 그러나 나에게는 소중한 깨우침이 되었다. 단체의 규칙을 무시하고 특정한 개인이 좌지우지 하는 폐단도 알게 되었다. 민주주의라는 것은 완벽한 시스템은 아닐지라도 단체의 조화와 안정을 유지해 가는 데는 필요하다. 책사라고 해야 하나 뒤에서 조정 아닌 조종을 하여 단체의 전통을 깨고 자신들의 이익을 위해 무법 내지 상식을 벗어난 언동으로 회의 진행을 망치는 경우도 있다. 대개 남성들만의 조직으로 운영되어온 경우 그런 구태의연한 점이 내게는 더욱 간파된다. 회의 문화가 정착되지 않은 집단이 의외로 많다. 개인적 주장 내지 어떤 획책을 도모하느라 혈안이 된 회원이 요동을 치면 다수의 회원이 슬그머니 휩쓸린다. 그런 속에서 흥분하거나 대립하여 회의 전체 수순을 그르치면 그것은 리더로서의 덕목을 잃는다 하겠다.

단체가 필요한 일이 무엇인가, 내가 무엇을 어떻게 기여할 수 있는가, 그리고 단체의 목적을 바르게 알고 거기에 따라 일하면 된다. 그러나 사람의 얼굴이 제각각이듯 사람 속에 품은 이상도 갖가지라 개중에는 자신의 양명을 위한 한 발판 정도로 단체를 업는 사람도 눈에 띈다. 거꾸로 생각하는 사람도 보았다. 내가 이런 자리를 맡아준 것을 영광으로 알라는 식으로 단체에 대한 충성심이나 직무수행에 소홀하고 거리가 먼 태도를 보이는 사람도 있다.

우리나라 사람들의 의식 속에는 힘없고 초라한 사람이나 곧이곧대로 한다는 왜곡된 의식이 팽배해 있다. 쿠데타로 시작된 군사문화가 우리들의 의식 속에 끼친 깊은 병폐, 과정을 생략하고 결과가 목적을 정당화한다는 지난날의 불행한 수난에서 벗어나지 못한다는 점이다. 양식과 지성이 존중되고 양보와 타협이, 예의와 겸양이 찬미 받지 못하고 있는 것이다. 힘, 힘, 힘 그것도 물질, 물질, 물질에 맹목으로 너나없이 광분한다. 앉으면 돈 액수부터 남의 이야기가 시작되어 묻지도 않는데 개인적 자랑을 끝도 없이 되풀이하는 명사도 있다. 영국인처럼 상대가 먼저 밝히지 않는 일을 묻지 않는 예의가 불문율인 상식이 지켜지면 자유로울 텐데, 사적인 이야기를 시도 때도 없이 쏟아놓아 당황케 하는 예도 있다. 언제부터 우리가 이렇게 돈 이야기를 입에 달게 되었나? 살 만한 사람은 그 사람대로 쪼들리는 사람은 또 그 사람대로 오로지 돈을 많이 벌겠다는 욕망에 사로잡혀 있다.

대자연의 아름다움과 신비에 눈감고 지상의 형편에만 집착하는 우리는 얼마나 가엾은 존재인가? 삶의 목적과 방편을 혼동하고 어둠속을 끝도 없이 더듬는 우리는 또 얼마나 무지한가? 창밖의 그 찬란한 목련이 어느 결에 지고 새순이 파릇파릇 창을 메우고 박새 찾아와 지저귄다. 눈물 없는 무지개 계절, 미래의 희망을 노래한 목월 시인의 시혼이 앞산에서 손짓하는 사월의 고혹적인 오후여!

일요일 오후

산에서 돌아오는 길에 노팅힐을 빌려왔다. 나는 휴 그란트의 팬이다. 그의 친절한 미소가 전 세계 여성들에게 어필한다. 영국 신사의 전형을 그에게서 느낀다. 특유의 억양도 듣기 좋다.

지는 해가 아깝다. 겨울 햇빛속의 나목과 어둠과 장작으로 담을 쌓은 통나무집 넓은 창을 그윽하게 둘러싸고 있는 앞산의 고적을 나는 사랑한다. 길가 집이라 차 소리가 있으나 그 사이사이 적막은 그지없다. 연구단지가 앞 블록이지만 380-22번지는 정말로 시골이다. 도심 속에 이런 시골이 있다. 그것이 우리 집의 매력이다. 다섯 집이 드문드문 살고 있어 행인이 없다. 가끔 산보하는 사람들 외에.

물끄러미 창밖을 바라보며 나는 명상에 잠긴다. 참나무 숲 마른 가랑잎, 아카시아가 봄 여름 가을까지, 야생화마저 우거져 나의 저녁 짓는 창밖으로 인상파 화가의 배경이 되어 주곤 한다. 서산으로 해가 기울어지기 시작할 때까지 나는 지는 해가 아까워 햇빛과의 작별이 아쉬워 이렇게 창에 달라붙어 죽어라 글을 쓴다. 어린왕자가 하루에 마흔세 번이나 지는 해를 바라보았다더니 어린 왕자의 혼이 내게 씌었나?

해가 완전히 지평선에 숨어버려 땅거미가 내릴 때쯤의 슬픔을 참을 수 있는 것은 내일 또 환한 아침 해가 떠오른다는 희망이 있기 때문이다. 매일 아침, 새벽의 가능성을 나는 사랑한다. 하루의 대문이 삐거덕 육중하게 열리는 소리가 들린다. 밤이, 지난밤의 고통이 아무리 바위만 하더라도 오늘 이 아침의 날아갈듯 상쾌한 이 기쁨에 비할까!

이렇게 애절하게 해를 기리고 사랑하는 사람이 또 있을까? 해지는 시간이면 일몰의 태양을 고이 보내드리느라 모든 일손을 놓고 창틀에 붙어 일종의 의식을 치르고 있다. 여름에는 검푸른 하늘이 겨울에는 희미하게 구름도 없이 꺼져가는 연하늘색으로 애수 어린 빛을 발한다. 해 지는 것이 아쉬워 이렇게 일몰찬가를 드리고 있다.

하느님의 존재를 대자연으로 설명한다면 나는 대자연에 대한 사랑 열광에 펄펄 끓는 내 마음만으로도 통과 자격이 충분하다. 이렇게 아름다운 동양화의 산수도 같은 넓은 창을 지니고 사는 나는 얼마나 행복해야 되나? 감사할 따름이다. 외등도 멋지고…. 갑자기 하느님이 왜 이리 내게 은총과 사랑을 베풀까? 하는 의문이 생긴다. 왜 이리 베푸실까? 뜻이 있겠지. 좋은 일 하라는. 비단결 같은 마음씨로 살라 하시는 거겠지.

오다가다 이웃을 만나는 동네 정경도 아주 목가적이다. 도시에 살며 아직 이런 옛 풍속을 잠시라도 누린다는 것도 정겨운 일이다. 세상이 무섭게 변해 속도 속에 질주한다 하여도 인간이라는 존재가 느끼는 존재양식은 그렇게 달라지지 않는 부분이 있다. 전 인류에게 공통된 인간 본성은 변하지 않는다. 단지 사람이라는 조건 하나로 구조의 손을 뻗친다. 배고픈 사람에게 밥을 주고 물을 주는 것은 전 인류의 공통된 속성이다. 현상이 아무리 복잡하고 눈이 핑핑 돌아갈 만큼 복잡한 듯하여도 인간 영혼은 그저 단순하다고 나는 믿는다.

성당 앞 언덕진 길을 올라오다 이웃을 만나 서로 정답게 인사를 나누면서 나는 피사로의 어퍼 노우드(Upper norwood) 그림 속의 주인공이 된 듯한 착각을 한다. 평범한 구도, 런던 교외의 집들, 굴뚝에서 연기가 나오고 소박한 차림의 이웃 사람들이 드문드문 걷고 멈춰 서서 이야기를 나누는 소리가 내게까지 들려오는 것만 같다.

나의 집 정원

덩굴장미 불타던 나의 정원이 그립다. 장작더미로 담을 쌓고 덩굴장미를 올려 몇 년간 이맘때면 온 동네를 지나가는 행인의 얼굴을 찌를 정도로 덩굴장미가 우거졌었다. 오월 한철 나는 장미 향기에 취해 술 취한 사람처럼 행복했었다.

그러나 좋았던 때도 오래 가지 않아 나무가 썩어 담장이 가라앉아 담장 구실을 한다 할 수 없었다. 재차 리모델링을 하면서 담을 다시 치는 과정에 옮겨 심은 나무들이 제대로 뿌리를 내리지 못하고 비실비실해졌다. 그나마 위안은 가로등 옆의 백목련이 길로 자라서 어느새 3층 나의 방을 뒤덮을 듯 우거진 것이다.

나는 나무 욕심이 하늘을 찌를 듯 많은 사람인데 나의 정원이 이 빠진 사발처럼 들쑥날쑥한 모양이 영 불만인 것이다. 지난해도 봄을 놓치고 6월쯤 장미를 백 그루 심었으나 산 것은 고작 서너 포기. 거기다 강아지들이 뛰어다녀 부지하질 못했다. 묘목에도 문제가 있었다. 일 미터도 넘는 장미를 무더기로 갖다 주었으나 더위와 장마를 이기지 못한 데다 강아지까지 합세하여 실패한 것이다. 그래도 포치의 아치 밑에는 살았다. 신기하다. 그 장미가 요즘 피어난다. 나는 예전의 불타던 장미가 그리워 다시 가꿀 미래를 준비하려 신아조경 사장님과 통화를 하였다. 아무래도 가을 초 9월 중순경이 좋겠다고 하여 미루기로, 아니 기다리기로 했다.

이른 봄에 무엇 때문에 그리 바빴나? 지나보면 어떤 때는 바빴던 지난 시간이원수 같은 때가 있는데 지금이 그런 참담한 심경이다. 무엇을 위해 병이 나도록 달렸을까? 지난주에도 나는 아침 출근길에 머리가 몹시 아팠어도 몸에 이상이 있다 생각 않고 잠시 후면 개이겠지 하고 병원으로 들어와 업무를 개시했다.

그러나 머리가 찢어지는 듯한 두통이 가시질 않아 점심 먹기 전 발륨 2mg를 먹었다. 점심 식사 후 신문을 보며 쉬었으나 여전히 두통이 심해 타이레놀을 먹고 나자 갑자기 내방이 숨 막힐 듯 답답하고 토할 것 같아 급히 대전 고등학교 운동장으로 산책을 나갔다. 걷거나 공기를 바꾸면 가라앉으리라 기대하며. 마침 운동장에는 글라이더 시합 행사가 진행 중이라 많은 사람들로 북적댔다. 하늘을 나는 글라이더를 쫓는 재미로 다행히 두통은 가까스로 면해 서둘러 결재를 하고 집에 와서 녹다운 되어 꼭 일주일을 앓고 있다.

의사라는 사람들은 왜 그리 너나없이 자신의 몸에 대해서는 무지막지한가? 자기 건강을 돌볼 틈이 없다. 환자의 눈길이나 표정 하나에는 촉각을 세우고 번개같이 달려가며 자기 몸은 무병장수로 알고 전혀 개의하지 않는다. 몸이 제발 휴가를 달라고 반란을 일으킨 상태가 되어야 그 때서야 남은 에너지가 바닥났다는 생각을 한다. 이 때의 병은 병이 아니라 하느님의 자비로운 손길과 은총으로 드러눕게 만드는 것이다. 눈물이 날 지경이다. 그렇지 않으면 또 일을 하러 달려갈 사람들이니까.

그렇게 일에 중독이 되어 미친 사람처럼 시간을 잊고 산다. 매일 저녁 각종 회합으로 그리고 세상살이에 의무라는 짐으로 나는 여가가 없다. 퇴근 후 모임이 없는 이번 주는 너무도 한가하여 해가 있는 시간에 귀가하는 내가 영 낯설다. 어찌나 행복하고 평화로운지 나의 집이 다른 사람 집처럼 느껴질 정도이다.

매일 집에 계시는 주부들은 외출이 자극이겠으나 나는 일찍 귀가하는 기쁨이 큰 보너스이다. 정말이지 나의 집이 얼마나 행복한지 내 둥지가 있다는 것이 행복하여 어떤 때는 혼자 웃는다. 나의 작은 몸을 뉘일 처소를 허락하신 신께 무한히 감사드린다. 나의 휴식, 나의 평화, 나의 영혼을 직면할 수 있는 나만의 공간, 나의 성. 나는 온갖 일에서 해방되어 무슨 배추벌레처럼 뒹구는 이 시간을 사랑한다.

나의 집은 설계도 성 같은 아늑한 구조이다. 조망도 내려다보이는 위치라 나의 신변은 아늑하다. 서창으로 해가 지면 아마 표준 연구소 뒷켠 같은데 일몰의 햇빛이 깊숙이 반사되어 나의 거실이 붉게 팽창되는 그런 황홀한 석양을 맞이한다. 그런 대자연의 신비를 느끼는 찰나에 세상을 뚝 떼어 놓고 홀연히 광풍을 맞고 서있는 사람이기나 한 듯 공연한 자부심과 허영심에 사로잡힌다.

드디어 이를 물고 정원에 나무를 심었다. 대추, 살구, 자두, 백철, 불도화, 적백일홍 그리고 주목을 길가에 심어 수벽을 칠 예정이다. 장미를 올릴 아치는 아예 발을 쳐버렸다.

아늑하다. 퇴근을 하여 차를 세우고 들어오다 보니 지나가는 차량 불빛이 나무 그림자 사이로 너울대는 것이 환상적이다. 상상력을 자극한다. 나무에 대한 기갈이 올해 와서 해갈되었다.

나는 프랑스식 기하학적인 정원보다 영국식 정원을 좋아한다. 특히 우리식 자연스러운 정원을 좋아한다. 온갖 나무가 어우러져 군락을 이루는 시골 정원이 좋다. 맨 앞에는 채송화를 심고 키 큰 나무는 뒤로 가고 능소화는 대추나무를 휘감고 올라간다. 등꽃이 불이 난 듯 굴뚝 뒤에서 여름 한철을 보내는 자연 그대로의 정원이 좋다. 잔디를 심고 물을 주고 하는 것이 사치스럽게 느껴진다. 가뭄으로 난리를 겪는데, 스프링쿨러로 물을 주는 것이 농촌에서 자란 나에게는 거북하다. 잡초는 잡초대로 우거진 시골집 정원의 꽃과 나무들이 그립다.

정글처럼 잡초가 길로 자라고 제멋대로 엉키고 무성하게 자라고 있는 정원의 나무들을 보며 끈질긴 생명력에 찬탄을 하는 나날이다. 헤세의 정원이나 타샤 할머니의 정원도 좋지만 이 제멋대로인 정원이 나는 자랑스럽다.

루오와 현현顯顯

하늘이 구멍난 듯 쏟아지던 장맛비가 시립 미술관에 닿으니 거짓말처럼 햇빛이 창창하다. 얼마 전 대녀 조세핀과 이지호 관장님의 친절한 해설을 곁들여 관람을 했으나 다시 보고 싶은 그림이 있어 병원을 박차고 나왔다. 토요일 오후라 가족들이 대거 몰려와 흥청댄다.

루오의 초기 작품 중 '겨울I(1912)'에 눈길이 간다. 춥고 쓸쓸하고 웅크린 음울한 정경. 헬싱키를 지나 눈 속의 로바니에(싼타마을)를 건던 그 북극 길 같다. 나는 겨울 그림을 좋아하는데 루오에게서도 겨울 적막의 음산함이 마치 우리 삶의 쓰디쓴 고통과 질곡처럼 묻어난다. 그림을 보다 앞서 가는 홍승원 회장 부부 뒤로 가서 살짝 어깨를 쳤다. 두 번째라고 했더니 '관람이 늦었어!' 놀리려 했단다. 두 분은 앞서서 가고 나는 뒤처져 가는데 저기 이재숙 선생도 있다고 가리킨다. 맨 앞줄에서 도슨트의 해설을 듣고 있다. 반가와 손을 꼭 잡는다. 베트남 의료봉사를 마치고 아침에 돌아오자마자 소아과 진료를 하고 그림 보러 오후에 나온 이 열정!

루오의 작품은 영혼의 자유를 추구한 예술가답게 미천하고 힘없는 밑바닥 사람들이나 판사나 임금이나 형상과 색채에 구별이 없다. 영혼, 오로지 진실한 영혼만이 추구 대상이었던 구도자적 화필이 짙게, 단순하나 매우 조화로운 구도 속에 녹아있다. 광대 창부 곡예사 부랑자들의 존재가 바로 너라는 메시지를 계시처럼 전달한다. '평원(1900)'은 루오의 자유에의 열망이 얼마나 강렬한가를, 또 포효하는 사자와 같은 격렬한 고뇌를 극도로 절제된 구도에서 역설적으로 보여준다. 강렬한 야성적인 영혼의 편린이 엿보인다. 내가 좋아하는 시슬리의 하늘보다 더 무한대의 공간감을 이룩하고 있다. '들녘(1951)'의 제목이 붙은 어머니와 아이의 작은 그림도 입가에 미소를 자아낸다. 유례없이 어머니 등 뒤를 노랗게 터치하여 희망과 사랑이 뚝뚝 흐르게 한다. '깊은 수렁에서(1946)'의 그림 또한 인간 영혼의 심연 그 어둠을 웅변한다. 앞뒤가 안 보이는 짙은 어둠과 실존의 절망에 갇힌 인간 영혼의 한 단면. 가을 그림 연작 중 말년에 해당되는 '늦가을 I(1952)'은 풍요와 두둑한 결실의 만족을 선사한다. 색채의 풍부와 온유함 속에 화가의 용서가 면면히 흐른다. 그러나 각종 종교화의 감흥을 모두 합하여 '샛별(1946)'이 가장 나를 사로잡는다. 루오의 걸작으로 샛별을 들지 않지만 영묘한 그림이다. 반달창 뒤로 검은 산과 바다, 호수가 있고 보름달과 샛별을 어찌나 눈부시게 강조했던지 달과 별이 모호하다. 예수님이 물끄러미 아기 요람을 잡고 계시고 아기 얼굴은 아무 윤곽 없이 빵처럼 동그랗다. 예수님 옆구리 쪽이 즉 오른편이 밝은 것은 초저녁 달빛의 반사인데 루오가 파리에서 그렸다는 표시이다. 손을 내밀면 예수님이 따뜻하게 악수를 해주실 것 같아 하마터면 나는 손을 불쑥 내밀 뻔 했다. 한동안 샛별을 뚫어지게 본 후 티셔츠를 몇 장 샀다.

런던의 내셔널 갤러리를 얼마나 드나들었던가? 그림에 허기진 사람처럼 틈이 나면 달려갔다. 외롭고, 슬프고, 미래의 불확실성에 고뇌하면서 그러나 열정을 잃지 않고 정신병리에 몰두했던 기억이 훅 살아난다. 런던의 내셔널 갤러리를 돌아본 것 같은 데자뷰(deja vu:다른 장소이나 같은 장소인 것 같은 친근한 기분이 드는 현상) 현상이 일어난다. 일상에 얽매어 그림 하나 구경 못하고 허덕대며 뛰어다니는, 애착이라는 그물과 책임이라는 굴레에 갇혀 생존에 급급한 나를 루오가 일상에서 해방시켜 영혼의 무한한 자유와 환희, 열정을 맛보게 했으니 이보다 더한 은총이 어디 있는가? 루오의 예술혼을 알리고자 전력투구를 하는 관장님 기도의 보답으로 시민들이 구름처럼 몰려와 폭포처럼 쏟아지기를 열망한다.

성탄 - 벽난로 앞에서

성가대원으로서 가장 행복한 시간은 성탄 낮 미사를 마치고 옷을 벗을 때이다. 도룡성가대원 모두는 일제히 '우전농장'으로 몰려갔다. 주보에서 선전은 보았는데 오늘 처음이다. 할머니 묵집 뒤편 소나무 숲에 쌓여 한적하다. 미리 알았더라면 손님 접대에 편리했을 텐데 하는 아쉬움이 인다. 고된 연습에 연습을 거쳐 드디어 파견미사까지 끝나자 모두들 종달새처럼 즐거워 보인다. 너도나도 시장하던 차라 포식을 하였다. 아기자기한 시간을 나누고 이차로 늘 가는 신성동 노래방으로 모이기로 했으나 나는 빨리 집에 가서 낮잠을 늘어지게 자고 싶은 열망(!) 밖에는 없어 성당으로 오는 자매의 차에 동승하여 집 앞에서 내렸다. 집에 들어오자마자 세안을 하니, 이 자유! 그간의 누적된 피로가 봄눈 녹듯 녹는다. 성당 가방부터 정리하고 급하게 성당으로 달려가느라 여기저기 늘어놨던 책들이며 선물 꾸러미도 찬찬히 풀었다.

햇빛이 겨울인데 봄날처럼 밝다. 이번 성탄은 화이트 크리스마스가 아니라 그린 크리스마스로 불러도 무방하겠다. 여하간 날이 춥지 않아 천만

다행이다. 탁자의 장미꽃이 만개하여 시들고 있다. 어제 절정의 미색을 뽐냈었다. 세상에 이렇게 연한 핑크빛 장미는 보기 드물다. 그러고 보니까 12월은 꽃밭에 사는 기분이다. 지난 14일 동문회장 취임식장이 온통 꽃다발로 뒤덮였다. 2회 동기들, 여의사회 멤버들 특히 이대 동문들이 참석하여 칙칙하던 동문회 분위기를 일시에 찬란한 바람을 일으켜 놨다. 후배들이 '웬 화환이 이렇게 많아요' 감탄한다.

나는 집에 있는 시간을 사랑한다. 아니 그런 평범한 말이 어디 있느냐 의아할 것 같은데 정말이지 나는 집에서 살림을 하는 시간이란 게 없다. 날이면 날마다 행사와 회의, 결재, 회식으로 귀가시간이 거의 10시로 알면 되겠다. 일요일 오후가 겨우 나의 시간인데 그 일요일마저도 또 무슨 일이 있어 헐레벌떡 서울을 다녀오기도 한다. 오늘처럼 오후 2시에 집에 들어와 반나절 집에 들어박혀 있으려니 느긋하여 입이 한자는 벌어졌다. 고성古城 속에 들어앉아 있는 듯 자못 여유롭고 작작하다.

그 좋아하는 책도 멀리하고 아무것도 안 하고 뒹굴뒹굴 침대에 누워 앞산을 바라보니 해가 지려는지 일몰의 여광이 나목들 사이로 얼비치고 있다. 사방이 창마다 숲과 나무로 둘러싸인 나의 집은 길가 집이라는 최대 약점이 있음에도 불구하고 도시 속에서 숲을 바라보며 산다는 것만으로도 감지덕지하여 우성이산에 절하고 있다.

자는 둥 마는 둥 누워 있다가 세실리아의 전화를 받고 통화하였다. 세실리아의 신심은 산도 옮길 정도이다. 암투병 중임에도 무슨 소풍 나간 사람같이 즐거운 음성이다. 신앙의 오묘함을 세실리아에게서 본다. 나를 인도

한 세실리아, 내게 항상 천사가 되어주는 세실리아, 불평불만이나 원망이 없는 세실리아, 나의 어린 날의 단짝인 세실리아. 내가 노래를 잘 불렀다는 옛날 이야기를 지금도 하다니! 나는 까마득히 잊어버렸는데…. 학예회 때면 독창을 도맡았는데 '즐거운 나의 집'이 내 레퍼토리였다. 왜 나는 즐거운 나의 집을 불렀는지 모르겠다. 담임선생님의 지정이었나?

해가 지니 한기를 느껴 오랜만에 벽난로에 불을 지폈다. 참나무 장작 타는 냄새가 약간 매캐하면서 어린 날의 시골집 냄새를 불러온다. 탁탁 불똥 튀는 소리도 좋고 활활 불꽃 날름대는 것도 보기 좋다. 무엇보다도 불빛이 어둠을 몰아내는 그 위력, 그 밝음에 무한 찬탄한다. 빛이 어둠을 몰아내듯 모든 어둡고 슬픈 일들은 물러가고 성탄을 맞아 밝고 행복한 새해가 어서 왔으면 좋겠다. 이 무한한 은총을 외면하고 어둠속을 헤매는 영혼들이 얼마나 가여운지!

뜨락의 소나무와 크리스마스트리에 색 전구만 걸어 놓은 단순한 장식이지만 반짝대는 불빛을 보노라면 저절로 입가에 미소가 번진다. 어쩜 그렇게 색이 고울까? 아기 예수님이 무척 좋아할 색들의 잔치. 한겨울 지나가는 차량들이 이 크리스마스트리를 보면 행복해 할 것 같다. 추운 겨울에 예수님이 탄생하셨다는 것이 나는 더욱 의미가 있다고 믿는다. 모든 생명이 잠자고 있는 계절에 홀연 태어나셔 희망의 약속을 보여주셨으니 이 얼마나 황홀한 선물인가? 장작더미 앞에 앉아 졸고 있는 서린은 또 얼마나 사랑스러운가!

지금 이 자리에

길고 흰 구름의 나라

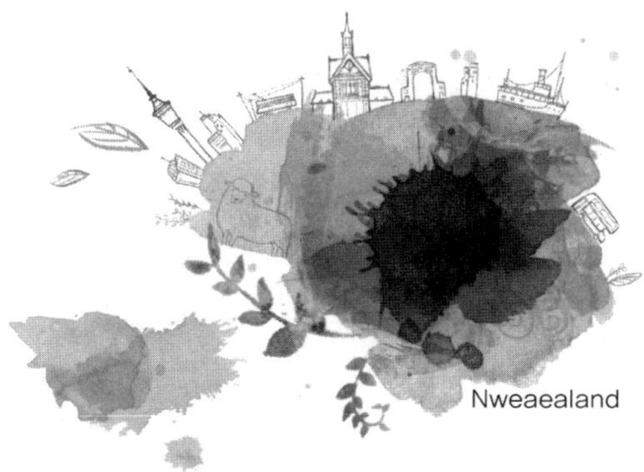

오클랜드의 종려나무 그늘 아래

오클랜드에 내리자마자 갑자기 무성한 여름이 다가온다. '종려나무 그늘 아래 사랑에 취하여라' 하는 하이네 시, 즉 〈노래의 날개 위에〉 2절이 저절로 나온다. 몬순에서 뼈가 굵은 나는 종려나무를 비롯한 활엽수를 보면 무조건 가슴이 뛰다. 시들어 가던 풀잎이 단비를 맞은 듯 맥박이 고동친다. 유유히 거니는 들길에 양떼가 풀을 뜯고 펭귄새 뒤뚱거리고 키위새들 노래하고 레몬 버비나 향기 코를 찌르는 한여름 밤 남십자성 휘황찬란한 남반구, 정원의 부겐빌리아는 숨 막히게 이국적이다.

바야흐로 12월. 남반구는 여름의 절정이다. 이미 크리스마스가 시작되어 캐럴이 울려 퍼진다. 성탄은 흰 눈과 더불어 순록을 타고 오는 산타로 박혀 있는 나에게 그런 크리스마스는 실감이 나지 않는다. 이 나라 어린이에게는 순록 대신 요트를 타고 산타가 온다고 친절하게 말해주어야 되지 않을까? 사방에 눈은커녕 짙푸른 녹음과 검푸른 바다와 태양이 눈부신 이 여름에 화이트 크리스마스라니!

지난 주말부터 폭우가 우리 칠월 장마지듯 쏟아진다. 하루는 눈이 부시게 햇살이 따가워 얼굴을 데고(sun burn) 들어오게 하더니 –햇빛에 얼굴을 그을리는 것을 좋아하는 나로서는 평생 원을 풀고 있다– 오늘 종일 늦은 밤인 지금까지 하늘에 구멍이라도 난 듯 비가 퍼붓는다. 웅근 전화로 서울에 눈이 많이 왔다는 소식을 듣자 설경이 눈에 아른아른 한다. 눈 온 날 찻집 문을 밀고 들어가는 순간 서리던 김과 실내 온기가 얼마나 우리의 언 마음을 녹여 주었던지.

나는 지금 힌두교도인 피지 사람 집에 기거하면서 소고기 돼지고기를 못 먹고 유일하게 육류로 닭고기만을 먹는 계율을 덩달아 지키고 있다. 베이컨도 못 먹다니! 참 식생활을 바꾼다는 것은 어려운 일 중의 하나이다. 다시 옮기기도 그렇고 별 수 없이 시내에 나가 사먹는 형편이다. 대신 치킨 카레를 얼마나 맛있게 요리를 하는지 옛날 하나의 방에서 프린세스 마리나 하우스 8층에서 먹던 그 맛이 훅 살아나 굶주린 사람처럼 먹고 있다. 생체의 적응능력이란 무서울 정도로 강하다고 보아야겠다. 예전에 먹었던 음식을 재빨리 알아차린다. 특히 미각이 굉장히 강한 기억력을 지니고 있다는 것은 사실이다.

해안 한 구역을 요트장으로 지정해 놓고 있는 마하구역은 아예 요트광들을 위한 만이 따로 가지런히 백조처럼 떠있다. 해양박물관 밑에는 19세기 범선이 전시되어 있다. 나는 바닷물을 발아래 둔 데크에 앉아 바다를 넋 빠진 사람처럼 바라본다. 사랑의 열병에 걸린 사람처럼 그렇게 열광적으로 수평선 끝을 가늠해본다. 대천 바다를 가서 모래사장을 거닐다 텐트를 치고 자다 밀물에 실려 수평선으로 사라질지언정 여한이 없을게다 기염을 토한 심경은 지금도 다름없다. 호수에 비친 달을 건지려다 익사한 시인을 누가 칠칠맞다 하는가? 대시인의 호기와 무한한 시혼을 감히 부러워할 뿐!

폭우가 우리 칠월 장마를 연상시킨다. 이어 날이 개자 태양이 강렬하여 메이슨 클리닉까지 산책 삼아 걸었더니 얼굴이 화끈화끈거린다. 귀국할 때 까맣게 태워 마우리가 되어 등장하겠다는 소원이 싱겁게 이뤄진 것이다. 얼굴을 태우지 않고 흰 피부를 가꾸려고 난리 법석을 대는 여성들의 의식을 생각하면 세태, 특히 대세 유행이라는 노도에 그저 떠밀려 내려가는 한 포말에 불과한 존재들이 아닌가 하는 처량한 생각이 든다. 어째서 하얀 얼굴이 예쁘다는 고정적 생각을 하는지 따져볼 생각 없이 그저 좇는 것이다.

나는 지금 피지 사람 가정에서 머물고 있다. 실제는 인도, 더 정확히는 힌두교도들인데 이 댁의 까무잡잡한 얼굴의 세 아이가 귀엽다. 나는 여기 와서 이 아이들에게 반해 검은 것이 아름답다고 나서는 운동을 적극 지지한다. 자연스러운 아름다움, 생명의 근원적인 아름다움을 자아낸다. 얼굴은 무조건 희어야 예쁘고 또 뭐는 어때야 되고 하는 기준들이 어디서 누구를 위한 주문인가? 백인이 지배하던 세계의 유물 아닌가? 힘의 세계, 제국주의의 유물이 꼬리를 물고 이어져가는 게 아닌가? 달리 말하면 남성지배 세계의 구조적 병폐 아닌가? 나는 시간이 나면 언제 다시 한 번 그녀가 일하는 가게에 들러 볼 작정이다. 그녀의 건강한 체격과 명랑한 미소 그리고 생명력 넘치는 아름다움을 무조건 찬미할 것이다. 나는 이상하게 얼굴이 하얀 편에 속하는지 외국 특히 아프리카 동료들이 나보고 백인이라고 불러서 정정을 하던 기억이 있다. 나는 화이트가 아니고 옐로우라고 분명하게 알려 주었다.

뉴질랜드에 와서 그간 문헌으로만 익힌 마우리를 만나 함께 일하면서 나는 마우리의 순박함에 반했다. 식인의 관습이 있던 사람들로 알고 있는데 어느 결에 이렇게 순화되었는지! 택시를 탔더니 우리나라 두 대통령을 비난하면서 자기는 마우리인데 정부에 감사한다고 한바탕 자랑을 한다. 남의 나라 택시 기사가 다 나를 동정하는 우리나라 정치 현실이 서글펐다. 나는 그래도 침을 뱉을 수 없는지라 네가 몰라 그렇지 두 대통령이 그렇다고 해서 우리나라 사람들이 부정직하다고 생각하지 말아 달라고 궁색한 항변을 하고 그대는 참으로 정직하다고 치하를 하고 내렸다.

개중에 택시 운전사 중에 내가 외국인인 것을 알고 33번지 Avondale을 정확하게 데려다 주지 않고 무신경하게 여기저기 돌아서 내려놓는 이란 운전사와 말레이시아 운전사가 있었다. 그 기사는 어찌나 체구가 비대하던지 나는 질겁하여 바로 요금을 지불하고 집으로 뛰어 들어왔다. 그 기사한테는 미안한 노릇이지만 스웨덴 리드베리 교수와 자문을 갔던 할(Hall) 감호병원에서 면담했던, 마약거래상으로서 딸을 근친상간한 장본인과 인상이 겹쳐져 떠올랐기 때문이다. 돼지처럼 비대한 체구에다 번쩍거리는 목걸이를 하고 딸과 관계하는 것이 뭐가 나쁘다는 거냐고 반문하던 파렴치한 인상의 불쾌한 기억이 숨어 있다 튀어오른 것이다. 리드베리 교수도 말문이 막히는지 더 이상 왈가왈부하지 않고 처방을 내리던 기억, 기억이란 어느 순간 이렇게 엉뚱하게 남반구까지 날아온다.

관광객이 급증하다 보니까 이 나라 사람도 이런 상술이 물에 든 모양이다. 하긴 우리나라도 바가지를 왜 안 씌우겠는가. 피장파장인 셈이다. 여하간 오클랜드에서 런던의 기사들의 친절했던 기억에 비추어 불쾌했던 것이다. 물론 이 나라 키위들이 얼마나 친절한가는 다음 장에 누누이 쓰게 될 것이다. 물을 흐려 놓는 외국인들이 문제이다. 소수 이민 집단이 항상 골칫거리겠다.

우리나라라 이민 수가 이 나라에서 무시 못 하게 높은 비율과 특히 관광객의 수가 연간 12만 명으로서 하루 평균 삼백여 명이 쏟아져 들어온다는 피터 케네디 전 주한 대사의 연설은 놀라운 정보이다. 관광객 수가 10% 증가했는데 그중 한국인 관광객이 5%를 차지한다고 한다. 우리 민족이 본래 진취적이고 활달한 기질이었다는 생각은 변함없다. 중간에 우여곡절이 많아 위축되었다가 고기가 물을 만난 듯 해빙이 되어 바다로 돌아가는 연어처럼 모두들 뛰어 나오는 것이다. 이번 KAL을 타고 나오는데 외국인이라고는 눈을 씻고 볼래도 없고 완전히 단체 여행객들 일색이었다. 어느새 우리나라 생활패턴이 급속히 변한 것이다.

팔십년대 초만 해도 한국인이 거의 없었다. 쿠알라룸풀에서 런던으로 가는데 나 혼자였던 기억이 새롭다. 말레시아 항공사 직원이 반가워하며 친절히 갈아타는 데를 알려주었다. 그 바쁜 와중에도 동포를 금방 알아본 것이다. 이야기도 못하고 헤어졌지만 그 따뜻한 친절은 내게 남아 있다. 한국인을 보면 그저 반가워했다. 그러나 여기 오클랜드에서 심심찮게 만

나는 한국인들은 별로 반가워하는 기색이 없다. 아쉬운 게 하나도 없다는 태도들이다. 물질적으로 풍요로우면 다 충족이 되는가? 나만 괜히 짝사랑하는 멋쩍은 기분이다.

마우리 직원 팡고 랑이와 함께

메이슨 클리닉 호스텔에 가서(중간 처우 시설에 해당되는 곳으로서 입원 치료가 끝난 회복기 환자들이 머무는 단계의 시설), 플라타너스 그늘 아래 마우리 환자와 팡고 랑이와 셋이 정답게 앉아 우리나라를 간간 소개하고 '바다로 가자'를 가르쳐 주면서 그래서 내가 바다의 도시 오클랜드로 온 것이라고 익살을 떨며 유쾌한 오후를 보내고 퇴근하였다. 우리나라 간호학생이 수련을 받고 갔다고 하면서 입이 마르게 칭찬을 한다. 흐뭇한 노릇이다. 외교의 영역이 어디 외무부 직원만의 의무인가? 각자가 민간 외교관임을 자처해야지. 이 숨 막히는 격변기의 세계에서 살아가기 위해서는 우리 모두가 외교관이 되어야 할 판이다.

국제정치의 변수라는 것이 얼마나 현실 원칙인가! 밖에 나와 보면 우리의 위상 내지 문제가 더 명확하게 조망된다. 특히 지난해 런던 행 루프트한자 내에서 우연히 동석한 OECD 독일 대표 자문위원이 우리 경제 문제, 특히 재벌들 비리를 심각하게 비판하며 어떤 위기를 경고하는데 객관적 상황으로서 우리 문제가 파악되는 것이었다. 그 대표는 꼬집어서 말을 하지 않고 개탄 비슷하게 우려를 표명해서 나도 진지하게 질문을 해가면서 프랑크푸르트에서 헤어졌다. 프랑크푸르트를 자랑하면서 독일인답게 옷차림이나 언동이 그렇게 질박할 수가 없다. 누가 저렇게 검박한 차림의 신사를 분야의 최고 전문가라고 얼핏 상상이나 하겠는가?

노태우 대통령이 구속되었다는 소식은 아랍 친구들 통해 들었다. 그제서야 나는 그 노신사가 왜 그렇게 우리 재벌들 비리와 정경유착을 통탄했는지 그 낌새를 알아차렸다. 그 양반은 공공연한 정보를 이미 밖으로부터 알고 있는데 안에 갇힌 우리는 눈이 멀어 피상적으로 부분적으로만 짐작하고 있었던 차이였다. 분야의 전문가는 역시 틀리다. 귀국 전날 이근홍 신부가 나를 데리러 왔을 때 첫마디가 '노태우 대통령 감옥에 갔대' 해서 나 역시 '첫 마디가 이런 뉴스군요' 하고 탄식을 했다. 꼭 일 년 전 델리치에서의 일이다.

지난해 런던을 떠나온 나는 지금은 오클랜드 한적한 주택가에서 이 글을 쓰고 있다. '한동안 못 보겠지' 해서 '마음만 먹으면 올 텐데요' 했지만, 그 마음이 뉴질랜드로 향했다. 일이 없이 그저 관광으로 돌아다니기에는 아직은 젊기 때문이다. 일을 한다는 보람이 없이는 여행 자체도 지루한 것이다. 나는 겸사겸사 바쁜 일정을 틈타 돌아다녔지 아직까지 관광만을 다녀 보지 못했다. 아직은 휴식을 취한다든지 하는 일들이 사치스러운 형편인 것이다. 말년에 느긋하게 유유자적하게 다닐 곳은 남겨두고 부지런히 인류학적 생태학적으로 흥미가 많은 지역을 탐색해간다.

이번 기회에 남반구 어지간한 곳은 돌아볼 작정이다. 당분간은 뉴질랜드에서 칩거할 생각이다. 나를 기다리는 환자들이 이렇게 많은데… 어느 곳이라도 나의 손길이 필요한 곳이 내가 설 자리 아닌가?

코일 파크(Coyle Park) 단상

간밤에 주룩주룩 내리던 비가 오후 3시가 되어서야 줄어들더니 Pak'n Save moll(대형 슈퍼마켓)에서 몇 가지 일상용품을 사들고 주인집 가족과 나올 때쯤 해가 반짝 나온다. 짐만 풀어 놓고 공원으로 가자고 하여 쾌히 동행하여 간 곳이 위의 공원이다. 우리식으로 말하면 만이라고 할까 포구로 알면 되겠다.

이 댁 두 자녀 비샬(Vishal)과 푸자(Puja)는 그네 타기에 여념 없고 나는 개펄까지 내려가지는 않고 천천히 주변 풍광을 돌아본다. 소나무가 낙락장송인데 기백 년은 되었을 듯 우리 고층 아파트처럼 우뚝 솟아 있다. Stockholm 숙소 5층까지 올라왔던 소나무보다 나무둥치가 더 굵고 더 하늘을 찌를 듯 까마득히 서있다. 그네도 두 줄을 위에는 넓게 줄을 매고 앉은 자리는 아이들 엉덩이에 맞게 가죽의자와 체인을 구명복 채우듯 매어 떨어질 염려가 없게 고안 되었다. 안전을 염두에 둔 처사가 쉽게 관찰된다.

한솔과 서린이 두 줄로 맨 그네를 좁은 문 사이에서 타면 나는 늘 조마

조마하였다. 조심하라고 하면 이놈들은 끄떡없이 발을 더 굴러대어 나를 놀려댄다. 벌써 커서 이모할머니인 나를 놀려대다니…. 하긴 우리는 단오가 되면 시골 해묵은 은행나무에 동아줄로 그네를 매어 더러 발을 헛디뎌 떨어져도 다시 타고 놀았다. 그 시절 그네와 오클랜드의 시설물을 꼼꼼히 비교해본다. 미끄럼틀도 천편일률적인 모양이 아니고 다양한 성과 미로까지 만들어 놓았다. 어린 시절의 상상력을 무한 자극시켜 주는 것은 창의적 사고의 터전이 될 테니 말이다.

나는 벤치에 앉아 크고 튼실한 나무 탁자를 두들겨 보며 이런 정도 탁자는 서탁으로 써도 괜찮겠다는 생각을 한다. 날이 개면 노트북을 들고 와서 사진을 찍듯 풍경을 언어로 찍어내도 되겠다. 이 두툼한 탁자를 앞에 놓고 책상에 욕심이 많은 나는 언제고 멋진 책상을 장만하겠다는 꿈을 버리지 않고 있다. 고향인 오룔에 남아 있는 투르게네프의 책상은 무류의 문장가답게 얼마나 고아하던가? 곁들여 나침반과 손때가 서리서리 밴 지구본을 골동품 가게를 순례하며 만날 날을 고대하고 있다.

오늘은 날이 흐려 포구가 한적하다 못해 어촌이 풍기는 고적함이 전신을 파고든다. 몽산포를 연상했는데 몽산포가 주변 경관이 황량한데 비해 여기는 장원의 정원처럼 잘 손질이 되어 있고 해변에 닿은 돌계단에 진흙 하나 묻어 있지 않다. 그러나 드넓은 갯벌하며 울창한 송림의 규모는 몽산포와 비슷하다. 어두운 바다와 하늘이 괴기하여 터너의 음산한 해일이 이는 그림을 떠올리다가 늦은 여름 철지난 주문진 소들해수욕장에서 맛봤던 고적한 밤바다가 겹쳐진다. 오징어 잡는 불빛만 환히 떠있고 피서철이 끝난 소들 모래사장은 울고 싶도록 한적하였다.

대도시인 오클랜드가 이렇게 바다를 끼고 조용한 것이 신기하다. 인구는 적고 땅은 지천인 까닭이다. 주차난이 있을 필요가 없는 널찍널찍한 거리는 휴스톤 거리처럼 시원하다. 어깨를 일부러 따라가 부딪치지 않고서는 남의 어깨 근처에 갈 일이 없겠다. 내가 거리를 건너면서 질주하는 차에 하도 질려서 길을 건널 때 움칠하고 차보다 먼저 건너지 않고 있으면 차들이 건너 가달라고 신호를 보낸다. 이 한국식 촌스러운 습관이 언제 벗겨질지 모르겠다. 나는 정말이지 아직도 사랑이 남아서 차를 끌고 다니며 일을 하게 해주시는 하느님께 감읍한다. 하루 한 날 아슬아슬하지 않은 날이 드물다. 용케 기적적으로 변을 당하지 않고 살아 있는 것은 그저 은총일 따름이다. 차에 얼마나 놀랐으면 여기 와서도 겁이 나서 먼저 건너지 못하고 주저주저할까! 이 촌스러움이라니! 사람이 먼저 가야 차가 가는 이 나라 사람들 눈에 얼마나 기이하겠는가? 매를 맞고 자란 개가 사람들이 귀여워해도 주춤대는 꼴이다.

개 이야기가 나왔으니 말이지 나는 여기서 산책길이나 어디서든 개를 만나면 쓰다듬어준다. 병원에 두고 온 개가 얼마나 주인을 원망할까 생각하면 안됐지만 혜림을 비롯하여 권수 귀공자들이 귀여워하니깐 안심한다. 사람을 어떻게나 따르는지 굉장히 순해요 소리를 여러 번 들었다. 박 기사의 개에 대한 사랑은 각별하니까 별일 없으렷다. 토토를 애착하다 오래 살리지 못한 다음 다시 키울 엄두를 못 냈는데 사람들이 갖다 놓고 가면 버리지 못하고 키우다 식구가 된다. 이름도 지어 주지 않았는데 병원 직원들이 덕팔이라나 덕구라고들 불러서 아무래도 좋다고 여겼다. 수수한 이름을 지니면 편안하게 살겠지.

뉴질랜드 사람의 친절은 그 폭이 넓어 나도 어지간히 개방적이려고 노력하는데 이 키위들한테는 손들었다. 의식이 풍족해야 예절을 안다고 풍요로워서 그런가? 만나자마자 어찌나 다정한지 거북스러운 경우도 있다. 고든 할아버지 댁을 방문했더니 내게 차창 너머로 정원의 글라디올러스를 꺾어 넘겨준다. 순간 당황. 물론 고맙다고 깍듯하게 인사를 하고 옆의 비샬에게 건네주자 모두들 놀리느라 오늘밤 설레어서 잠을 못자겠다고 해서 그렇다고 맞장구를 쳐주었다. 꽃분홍 글라디올러스는 생전 처음 본 색상이다. 남국이라 동식물의 색채가 원색적으로 곱고 화려하다. 비샬은 두 손으로 가지런히 꽃을 들고 앉아 창밖을 내다본다. 유리병에다 꽂아 내방에다 갖다 놓으라고 하는 것을 이 댁 가족이 다 보도록 식탁에 두어 달라고 했다.

남의 감정을 존중하는 것은 기본적인 양식이다. 나를 초청해준 장본인인 메이슨 클리닉의 두목 닥터 차플로우란 분이 직접 전화하여 뉴질랜드에 온 것을 환영한다는 한마디 말에 나는 그간의 온갖 고초가 일시에 확 풀어져 내려갔다. 마흔아홉을 목전에 둔 사람이 외유를 하겠다고 하면 누가 선뜻 그러라고 하는가? 그리고 나는 직장도 정이 들 대로 들어 한 가족같이 자고 새면 코를 맞대고 웃고 떠들고 놀리곤 했다. 하루라도 아니 잠시라도 안 보면 괜히 궁금하여 부리나케 방을 들락거리고 찾아대고 하는 친구들을 뒤로 두고 내려왔다. 더 바랄게 없는 즐거운 나날이었다. 나를 따르던 좋은 사람들을 떼어두고 강아지를 비롯하여 특히 어머니를 두고 온다는 것은 말이 안 나오는 일이었지만 그러나 더 나이가 들기 전에 더 가야 될 곳이 있는 것이다.

발길이 떨어지지 않는 길을 나온 것이다. 벼르던 제2의 엑소더스. 이번에는 기수를 남쪽으로 돌려 저 남쪽 나라를 찾아온 것이다. 이제 번거로운 절차도 관문도 넘어갔고 복지부서 지정해주는 병원에 근무를 해야 된다. 마우리 본 고장 깊숙이 들어가 일하고 싶다. 어딜 가나 어디 한국인이 없나 두리번거리며 찾는 버릇도 여전하다. 한국인이 하도 많아 특별히 반가워하는 것도 아닌데 그래도 나는 찾아다닌다. 서울을 떠나와서 한 열흘간은 비몽사몽 지나갔다. 분명한 것은 다정했던 사람들이 어찌나 그리운지 병이 나는 것이다. 고립이라는 상태에서 일어나는 일종의 환각과 같은 그리움.

사랑만으로는 한 발자국도 전진하지 못한다고 메르모즈가 고백한 실존적 고독을 나는 동감한다. 안데스 눈을 헤치고 생존해 귀환한 비행사의 신념, 더 나은 세상을 만드는 데 동참하고 더 수고해야 되는 실존적 사랑을 나는 추구한다. 여자를 어디까지나 부엌데기로 두어야 되는 사회풍조, 그 첩첩한 인습을 배격할 용기도 비판의식도 제공되지 않는 현실. 단연코 여성들은 일어나야 된다. 우리는 남자고 여자고를 떠나 어떤 사람을 위해서 종속적으로 존재해서는 안 된다. 지구상에 꼭 필요한 유일무이한 존재이지 누구를 위한 용도물이 아닌 것이다. 나는 주부들이 딱하다고 생각한다. 그런 프로그램을 보여주는 사람들과 사회의 구조적 모순을 지적하고 싶은 거다. 어디까지나 여성을 종속물로 두려고 드는 것을 두고볼 게 아니라 각자가 의식 혁명을 해야 된다. 누구처럼 우리는 모두 다 각자 자기 내부에서 혁명을 치러야 한다. 아바나에서 마지막 장면 – 키웨스트 해변에서서 쿠바를 바라보며 쓸쓸히 독백하는 장면에서 한 말이다. 로버트 레드포드가 한껏 폼을 잡은 영화지만 작품이 의도하는 만큼 감동은 덜했던 것 같다. 아니면 너무도 체 게바라의 명성이 휘황찬란하여 상대적으로 속물적인 미국인 남자 주인공의 순수성이 덜 부각되었는지도 모르겠다. 태양 앞에 모든 별빛이 무색하듯 말이다.

지도를 모으는 취미

뉴질랜드와 오클랜드 지도를 사서는 주섬주섬 훑어본다. 취미 중의 하나인, 가는 곳마다 지도를 모으는 낙도 대단한 즐거움이다. 뉴질랜드에 와서 지구본을 멋진 것으로 장만할 셈으로 부지런히 골동품 가게를 뒤지고 있다. 문구점의 그 너무도 현대적인 지구본은 구미가 당기지 않는다. 우리 삶의 좌표를 부단히 점검해보고 통찰하고자 우리는 얼마나 고뇌하던가? 지도의 고마움은 사막의 오아시스 같다고 하겠다.

누구라도 대륙을 달리하여 어느 날 돌연 낯선 공항에 내리면 우선 가장 필요한 것이 지도이다. 심심하면 지도가 품고 있는 무한한 시공의 차원을 상상하는 것 역시 흥분되는 일이다!

이 가을 사직을 하고 뉴질랜드 병원으로 내려온 나를 자축하고 있다. 오클랜드의 베이 오브 아일랜드 앞에 서니 정말이지 내가 혼자라는 사실이 물밀듯 밀려온다. 남극을 코앞에 둔 바다 앞에서 뼈저리게 향수에 젖었다. 남반구의 이국적인 정취와 낭만적 공기는 참으로 매혹적이다. 나는 종려나무의 그 힘찬 잎만 보아도 갑자기 눈이 떠진다고 할까 경이로워 심장이

고동친다. 그러나 너무나 지쳐서 좌초된 게처럼 남국으로 피난 온 내게는 이런 낭만이 깃들 여가가 없이 오로지 피로하기만 하다. 마흔세 번이나 해지는 구경을 하던 어린 왕자처럼 나는 마흔세 번도 더 되는 그리운 이름을 불러본다. 들릴 길 없는 메아리도 닿지 않는 절대의 고립!

꿈속의 감정이 얼마나 광폭한지 나는 종일 비수가 꽂힌 듯 염통에 통증을 느꼈다. 꿈이 어쩌면 우리 상태와 감정을 더욱 정직하게 알려주는 게 아닐까? 버림받는다는 두려움을 피해 달아나 온 내게 무의식이 보기 좋게 강타를 한 것이다. 피할 곳이 없다는 강타를.

나는 외국인들의 프러포즈를 받으면 왜 그렇게 부담스러운지 모르겠다. 이들의 자연스런 친절도 마땅찮다. 이 결벽. 외국인의 그 이질감이 갈수록 싫은 것이다. 그러면서 왜 그렇게 안 다니는 대륙이 없이 다니느냐고 묻는다면 나로서 자신 있는 답이 하나 있다. 좀 더 나를 알기 위해서, 바꾸어 말하면 내 나라를 더욱 잘 알고 싶어서 이 숱한 고생을 하며 외국에서 땀 흘려 일한다고.

길고 흰 구름의 나라에 와서

뉴질랜드에는 지상에 양떼가 한가로이 풀을 뜯듯 하늘에도 흰 양떼가 있다. 파란 하늘을 유유히 거니는 흰 구름이 바로 그들이다. 길고 흰 구름의 나라(Land of long white cloud)라는 이 나라 이름은 과학적이며 동시에 시적이지 않은가? 과장이 없이 남, 북섬 지형 특성을 한 마디로 집약하면서 동시에 대자연의 아름다움에 대한 경배정신이 배어있다.

가끔 TV를 봐도 웃기는 소재와 방법이 이 나라답다. 애걸복걸하며 지나가는 행인을 붙들더니 겨우 '코태지 치즈를 좋아하느냐?'는 단 한마디 설문이니까. 이번에는 행인이 반대로 대답할 게 더 있다고 사정사정하며 세일즈맨을 뒤쫓는 장면에 혼자 웃었다. 싱겁게 들리지만 키위의 여유로운 생활감정을 느끼게 한다.

같은 서부활극을 소재로 된 코미디라도 개척시대의 두 총잡이의 대결을 키스의 위력으로 시합을 벌이는 장면은 키위들 사고방식의 특성을 느끼게 한다. 총성으로 상대를 쓰러뜨리는 게 아니라 단 한 번의 키스로 주눅이 들어 나뒹굴어지게 처리하는 코미디는 수준급이다. 총을 꺼내는 동작을 루즈를 꺼내 서서히 바르는 장면으로도 충분히 스릴과 웃음을 동시에 자아내게 한다.

뉴질랜드로 떠나오기 전 모처럼만에 느긋하게 아침 방송이라는 것을 우연히 접하면서 느꼈던 그 한심한 기억이 여기까지 와서도 되살아난다. 나이도 새파란 층의 남편인가 본데 여자는 무조건 남편한테 순종하고 알아도 모르는 척하라고 준엄하게 타이르는 장면, 이어 아침 마당에서는 여성의 섹시함에 대해 이러저러한 말들이 오간다. 주부를 겨냥한 프로그램은 허구한 날 그 타령이다. 전 세계 구석구석에서 아사해가는 어린이가 있다는 사실을 모성에 호소하여 대대적 모금운동을 벌이는 그런 프로그램의 기획은 우리나라 주부들 수준에 미치지 못한단 말인가? 세계의 문제를 나의 문제로 자각하는 정신이 없이 어떻게 미래 21세기의 세계시민이 될 것인가?

그런 기우는 기우이고 오클랜드 거리 도처에 한글 간판이 버젓이 걸려있고 대우 에스페로 차가 앞을 달려간다. 아침 10시에 한국어 방송 시작 직전 애국가가 뭉클하다. 시내 중심가에는 배낭여행하는 학생 유학생 관광객이 들끓는다. 우리나라 관광객이 하루 평균 300명 꼴로 그렇게 이 나라에 들어온다. 뉴질랜드에 부상하고 있는 우리 위상이 실감된다. 피터 케네디 전 주한 대사의 유머러스한 연설은 웃어야 할지 울어야 할지 모르겠다. 뉴질랜드 상징인 키위새를 통닭이려니 하고 통닭부대로 불렀다나. 민망해하고 있는데, 다행히 옆의 호주 대사가 통닭이라는 영어 뜻을 설명하지 않고 뉴질랜드 군인들이 6.25 때 용감하게 잘 싸웠다고 정확하게 코멘트를 해주어서 감사했다는 내용이다. 모르면 물어서 답해야지 새 모양을 보고 얼렁뚱땅 통닭부대로 부르다니 chicken 은 더욱이 겁쟁이라는 다른 뜻이 있다는 것을 간과한 것이다. 이런 불찰은 그만큼 우리가 남의 나라에 대해서 상대적으로 무지하다는 이야기겠다.

나는 인도 정신과 의사와 남북한 문제를 비롯하여 동북아시아 미래 향방에 대한 담론을 하다가 우리나라가 중국의 침략 대상국 중 영순위라는 발언에 분개하여 그 근거를 대보라고 다그쳤다. 중국의 개입은 한국전쟁의 참사라는 과거를 들먹인다. 옛날의 한국과 지금의 한국이 같은 상태이냐? 반문하니 더 이상 말을 못한다. 나의 자존심을 건드렸다 생각했는지 더 이상 격론을 거두고 눈이 멀면 안 된다고 자신이 보고 싶은 면만 보면 안 된다는 충언을 한다. 너도 작은 나라라는 선입견을 버리라고 한마디 충고했다. 그렇게 큰 영토를 지니고도 식민지로 그것도 몇 백 년씩 지낸 너희는 무엇이 그리 영예로우냐하는 소리가 목구멍까지 올라온다.

바른 말은 얼마나 쓰던가? 인간들이란 특히 나부터 어떻게나 비이성적 본능적인 존재들인지! 새삼 프로이드 박사의 선견지명 '인간이 스스로 자부하듯 그렇게 이성적인 존재가 아니다'라는 설파는 그야말로 촌철살인의 명구이다. 어질기가 라마승 이상 가게 영적인 인도인이지만 우리나라에 대해 왜곡된 시선을 갖고 있는 그 사고는 순순히 받아들여지지 않는다. 사랑이란 이렇게 맹목적이던가? 그래 우리나라는 작은 나라이지만 네가 모르는 신비한 힘 단일민족이라는 강력한 에너지가 있다. 한국이라는 나라가 세계지도에서 사라지지 않은 비결을, 교훈을 본받으라고 큰소리를 쳤다. 나는 감정에 사로잡히는 대신 내가 하는 일에서 최선을 다할 생각이다. 어느 나라에 가든 한국인 의사가 열심히 환자를 돌보아 주었다는 기억이 이어진다면 나의 고단한 행로 코스모폴리탄의 꿈은 이뤄지는 게 아닌가!

모국어의 의미

웅근과 전화를 하고 나니 마음이 밝아진다. 우리말을 못하고 있다가 재담을 하고나니 마음이 훈훈해진다. 속상한 감정을 유감없이 털어놓고 나니까 상쾌하다. 외국어를 하고 산다는 것은 불행한 일 중의 하나이다. 우리나라 사람들끼리 영어로 이야기하는 것이 이해가 안 가는 게 아니라 딱하게 느껴진다. 영어로 시험을 보고 환자를 보고 하는 일들은 그것대로 보람 있는 일이지만 모국어에 대한 사랑에 비하랴. 기념품 가게에 들러서 이것저것 묻다가 결국 둘 다 한국 사람임이 드러났는데 겸연쩍다. 나의 영어를 듣고 한국 사람이라고 전혀 생각하지 못했다고 놀라는데 쑥스럽다.

주인집은 피지 사람들인데 실제로는 인도인들이다. 힌두교도라 소, 돼지고기를 금하는 까닭에 나까지 닭고기밖에 못 먹고 있다. 문화를 이해하고 수용한다는 것은 자기 살을 떼어내는 정도의 변혁에의 용기가 필요하다. 나는 미식가로 소문이 나서 나오기 전 거의 날마다 맛있는 음식 찾아다니며 보냈다. 고기를 별로 탐하지 않는 사람이지만 그래도 전혀 입에 대지도 않는 식구들하고 살려니까 처음에는 걱정이 되더니 그럭저럭 한 가족처럼 편안하게 지내고 있다. 시내에 나가 맛있는 음식을 골라 사먹으면 되니까. 한국음식은 딱 한 번 란에 가서 먹었다. 밥을 한 그릇 수북이 갖다 주어 깜짝 놀랐다. 덜었다. 주인아주머니가 밥을 많이 준다고 한 사람은 나 하나라고 웃는다. 대부분 유학생들이라 밥이 늘 모자라 더 달라고 한다고. 집 떠나 나와 있으면 허기지겠지.

홈스테이 집은 아이들이 셋이나 되는데 장남은 여간 장난이 심하지 않다. 우리말을 하나둘 가르쳐 준다. 이리와, 요놈아, 까불이… 젖먹이를 애기라고 했더니 이 집에서는 애기로 부르고 있다. 애기라는 어감이 더 듣기 좋은가보다. 우리 서린이가 애기라는 말을 무척 좋아했다. 자기를 꼭 애기로 부르는 서린. 누가 했냐고 물으면 애기가 했다고 끄덕대던 서린이 눈에 선하다. 다른 사람이 방귀를 뀌었는데도 '누가 꿨니?' 하면 '애기가' 하고 자기 배를 가리키던 서린. 이 집에서 애기란 말이 삽시간에 쓰이는 것을 보고 우리말도 어느 날엔가 서로들 다투어가며 배울 날이 오지 않을까 하는 생각으로 미래를 내다본다. 영어가 세계를 지배하지만 어느 시기에는 그럴지도 모르겠다. 벌써 이 나라에서 한국어가 채택되어 디플로마 과정을 모집한다는 것은 우리의 위상이 이 나라에서 그만큼 커졌다고 하겠다.

이 집 가장은 자기가 가난하다고 날마다 나한테 엄살을 떤다. 실제로 이 동네가 부자 동네가 아니기는 하지만 방이 네 개에다 거실이 두 개 정원이 앞뒤로 둘, 고급차는 아니지만 차가 두 대, 페치카, 대리석 세면대와 폭포 같은 샤워시설, 본 차이나 그릇 등을 갖추고 살 만큼은 산다. 오렌지 나무가 지금 내방 창을 뒤덮고 애호박만한 오렌지가 떨어져 있어도 줍지도 않는다. 오렌지 향기가 어찌나 향기로운지 취할 것 같다. 나는 22평 관사에서 용도실을 샤워실로 사용하고 살았다. 주변머리 없는 공무원을 오래 했다.

이집이 경건한 힌두교인 것은 존경할 일이나 아이들 발육이 튼튼해 보이지 않고 앙상한 느낌이다. 우리식으로 피죽도 못 먹었다는 표현이 떠오른다. 아들이 빼어나게 인물이 잘생겼는데 외견으로도 단백질 공급이 부족한 인상이다. 먹는 것이 부실하다. 오렌지를 가득 사다 놓으면 아이들이 순식간에 게 눈 감추듯 먹어 치운다. 먹는 것 갖고는 말을 않는 우리의 풍습이라 그 미덕은 어디 가나 지켜진다.

또 하나 공부를 별로 염두에 두지 않는다. 어제 1학년짜리에게 책을 읽혀 봤더니 전혀 아니다. 떠듬거린다. 우리 한솔이가 생각난다. 한솔이는 교육자 어머니한테 붙잡혀서 얼마나 닦달을 당하는지! 이모할머니들이 공부를 시키는 게 아니고 '너 공부 안하면 엄마가 밥 안 줄까봐 하지?' 하고 야유만 하니 한솔 모친으로서는 무언의 압력과 훼방이 부담스럽겠다. 외할머니를 위시하여 이모할머니들이 이쁘다고 끼고만 도니 이 경쟁사회에서 어떻게 하라고 그러시냐는 표정이다.

소식이 없어 궁금하다. 팩스를 보내면 반갑게 안부 전화를 할 줄 알았는데 감감 무소식이다. 여러 가지 어설퍼서 공중전화 거는 것도 서툴고 거리에서 전화를 시끄럽게 하는 것이 불편해 전화를 해달라고 부탁했더니 한 사람도 없다. 수신자 부담으로 하라고 못한 것은 이집에 오클랜드에 오래

있게 될 것 같지 않아서였는데 그렇게들 무심하다. 눈앞에 안 보이면 그렇게들 쉽게 잊는다. 국제전화 한 통화 못할 정도로 궁핍한 생활을 하는 것도 아닌데….

이블린 와의 소설 『Brideshead Revisited』에서 찰스 라이더가 '절친한 친구 세바스틴이 옥스퍼드를 떠나던 날 나는 옥스퍼드에서 가장 외로운 사람이었다'라는 독백이 뇌리에 살아난다.

켈리 탈톤의 에반스 허트(Evance Hut in Kelly Talton)

– 해저월드에 복원한 로버트 스코트 대장 남극기지 캠프 방문기

나는 이럭저럭 여러 나라를 두루 여행한 편이지만 관광을 즐겨 다니는 축은 아니다. 오클랜드에 체류하면서도 실상 관광은 거의 하지 못했다. 병원을 옮기는 문제, 인터뷰 등으로 마음이 한가하지 않고 무엇보다도 한국에서 지고 온 짐으로 인해 그 피로가 풀리지 않았기 때문이다. 메이슨 클리닉(Mason Clinic, 우리 식으로 중간 처우 시설에 해당되는 호스텔)에 가서 환자들과 오후 시간을 보내는 시간 외에 아오테 센터(Aotae Centre:마오리어로 우리나라라는 뜻으로서 콘서트홀을 비롯한 문화센터)에 나와 시내를 기웃거리다 테라스에서 때늦은 점심을 먹는 정도로 하오의 느긋함을 즐긴다.

스코트 대장 남극 전초 기지를 그대로 복원해 놓은 켈리 탈톤은 꼭 가봐야 되는 장소라서 부지런을 떨고 다운타운으로 나와 725번 버스를 타고 내렸더니 한산한 입구가 나온다. 뉴질랜드는 대게 문 앞에서부터 입장료를 받질 않고 한 발짝 안에서 입장요금을 받는다. 이 나라의 전통인가? 대강 안의 시설의 안내를 상세히 해놓고는, 읽어 본 다음에 결정하라는 신중

한 배려인지 모르겠다. 일종의 여유 내지 한유의 멋을 맛본다. 코앞에서부터 돈을 받질 않는다. 해양 박물관도 갤러리를 지난 다음 건물에 매표소가 있었다. 조용한 입구에서 대체 어디서 입장료를 내느냐 물으니까 미국인인 듯한 관광객이 자기도 모르겠다더니 바로 알아갖고 와서 안으로 들어가면 된다고 알려준다. 매표소라지만 그냥 들어가도록 무문이다.

켈리 탈톤 입구의 회랑 벽면 가득 혁혁한 영웅적 인사들의 사진들이 시기 순으로 걸려 있다. 가히 초인적 불굴의 영웅 스코트 대장의 근엄한 사진이 눈을 끈다. 사진이 어딘가 암울한 느낌이 드는 것도 같고, 비극적 인물에게서 피어나는 신비와 장엄한 힘의 그림자가 보인다. 본관으로 들어가니 힐라리 경의 환영 인사와 남극의 소개가 처음 등장한다. 서장인 셈이다. 온통 이 겸손한 영웅의 찬미가 이어진다. 본인은 자기가 정말 지극히 보잘것없어 내심 남보다 못하다는 생각이 많았다는 소년 시절, 저렇게 수줍고 평범한 사람이 최초로 에베레스트를 등정하여 여왕 대관식을 기념한 것 등등 찬가 일색이다.

다음은 내가 몹시 보고 싶어 했던 스코트 캠프가 나온다. 에반스 기지에 세웠던 그 캠프를 그대로 복원해 놓은 것이다. 안내에서 우리말 설명도 당당하게 나온다. 흐뭇한 일이다. 우리의 위상이 키위에게 이렇게 급격하게 높아진 것이라니! 하기는 우리 관광객이 얼마나 많은가. 오클랜드 거리를 기웃거리는 사람은 거의 한국인 관광객들이다. 켈리 탈톤을 도는데도 우리나라 사람 판이다. 이제 나는 어딜 가나 혼자가 아니라 우리나라 사람에 둘러싸여 도는 폭이다.

에반스 기지를 들어서자 음식, 비스킷, 차 상자가 차곡차곡 따지도 않은 채 그대로 먼지와 함께 쌓여 있다. 스코트 대장 윌슨이 저 비스킷을 더 이상 먹지 못하고 18Km를 앞에 두고 남극에 시신을 묻다니! 남극탐험 당시 복장이며 썰매, 조리장이 음식에 굉장히 신경을 써야했던 사정 하며 무엇보다도 탐험의 서장을 기록한 필름은 정말이지 다큐멘터리가 주는 생생한 감동, 충격적인 흥분을 자아내게 한다.

역사적 순간의 진지함에 어쩜 그리 흥분이 되는지…. 특히 축음기에서 흘러나오는 노래, 영국적 멜로디, 피아노, 악보, 사진 현상실, 사진실력을 자랑하는 폰팅의 인화지가 그대로 걸려 있다. 애트킨의 실험실은 과학자답게 치밀하다. 또한 긴 겨울을 나는 동안 지루하지 않게 잡지를 만들고(Antartic Chronicle) 그림을 그리는 등, 정말이지 이 원정팀은 단지 남극을 갔다 오는 것으로 끝내는 게 아니라 학자와 과학자를 총동원한 종합적 연구개발 목적의 대장정이었던 것이다.

아문젠이 먼저 남극을 발견하였다지만 단지 살아서 돌아온 것뿐이라는 이들의 신랄한 비판은 일리가 있다. 영국식으로 만반의 준비를 갖춰 대대적 화려한 출발을 한 것은 사실이다. 그러나 날씨가 스코트 대장에게는 친절하지 않았다. 그렇게 잔인하고 혹독하게 돌풍과 폭설이 장마지듯 할 것이 무엇인가! 목전에 두고 서로 부둥켜안고 잠든 시신을 발견한 동료들의 슬픔이 어떠했겠는가? 가족의 슬픔은 또 어떻고? 영웅적 삶은 항상 이렇게 소시민의 행복을 희생하는 데서 피어나는 불사조란 말인가? 나는 게으른 탓에 여간해서 메모를 하지 않는 사람이지만 이 스코트 헛(Scott Hut)의

참관은 한 오라기라도 더 기억하고자 기록을 했다.

음악을 사랑하고 맛있는 음식을 좋아하고 그림을, 민화를, 사진을, 과학을 사랑한 탐험가들, 무엇이 이들로 하여금 안정과 사랑과 일상의 행복에 우선하여 미지의 세계에의 탐험에 박차를 가하게 했을까? 그 동인을 생각해본다. 공명심? 그것만으로는 부족하다. 그 어떤 세속적 동기로는 이들의 목적을 다 이해할 수 없다. 인간본성 중 제6본능으로 탐구본능을 넣는 것은 수긍할 일이다.

어떻게 흥미 있게 몰두해서 돌았던지 그 다음 해저월드, 그대로 남극을 통과하는 여로는 긴장이 풀어진다. 상어와 유리터널을 사이에 두고 훽훽 날고 있는 펭귄은 아무리 봐도 새롭다. 그림에서 늘 보던 펭귄을 실물로 본다는 실감. 남극의 동물들은 자세히 보면 온대 동물의 사이즈가 커서 남극의 풍토에 맞게 변형이 되었다는 관찰, 특히 우리가 구구락지라고 부르는 친구가 떡 드러누워 계시는데 나는 반갑기도 하고 놀랍기도 하고 그 크기에 입이 딱 벌어진다. 소나무 등 우리나라에서 보던 오종종한 동식물이 이 남극권에서 무진장 자란다는 것이 신기하다. 기후풍토, 즉 환경이 그리 중요한 인자란 것을 받아들이게 된다. 인간이나 동식물이나 결국은 환경의 산물이 아닌가? 즉 원형에서 그 환경에 맞게 적응을 하는 것이리라.

우리가 개울가 돌짝을 들고 잡던 가재가 남극이란 빙원에 서식하면 저렇듯 무지막지한 바닷가재가 되는 것이다. 라틴어학명으로 다 외우기도 힘들게 이름을 붙여 놨어도 그 과를 벗어나지 못하는 것이다. 기념품 가게는 온통 어딜 가나 비슷한 관광상품 일색이다. 나는 스코트 대장과 남극

탐험을 기념할 물건이 없나 돌아봤으나 전무하였다. 엽서도 딱 한 장 나와 있어 그것만을 사갖고 나와 켈리 카페로 가서 코코넛 케이크와 차를 마시며 호수 같은 바다를 바라보았다.

여기저기 요트가 서서히 풍향을 타고 유유히 떠간다. 아름다움과 낭만의 극치. 눈이 부셔 햇살이 가히 따갑다. 살갗을 파고 들어오는 느낌. 조금 더 덥다가는 익을 것 같다. 자외선이 아닌 오존이 풍부한 탓이라. 맑은 날이면 환장을 하듯 열광한 사람이지만 뉴질랜드의 이 창창한 대낮은 이제 질려버릴 지경이다. 백야에 가깝게 환한 대닷, 거울 속처럼 반짝대는 햇빛은 현기증이 날 정도다. 우리의 가을날같이 조화된 쾌적한 날씨는 드물다. '더도 덜도 말고 한가위만 같아라'는 기원은 너무도 지당한 소원이다. 부드러우며 맑고 그리고 청정한 우리나라의 가을날, 특히 이번 가을날의 아름다움과 멋을 잊었다. 런던의 안개 낀 가을날이 우리 가을날을 눌러 버렸던 모양이다. 그러다가 이번 가을의 아름다움을 만끽하고 떠나왔으니 행운에 감사할 일이지 더 이상 무엇을 바라랴. 햇빛이 아까운 상쾌한 가을바람과 온화하며 빛나는 우리의 가을날. 맑고 맑되 두렵지 않고 싫증나지 않게 그윽한 맛이 나는 우리 가을날. 은근한 멋, 통명하나 은근한 우리의 정 같은 날씨가 아닌가.

나는 뉴질랜드의 오염이 없는 천연의 날씨에서 직사광선이 두려운 생각이 든다. 질리는 기분, 그윽한 멋이 없는 것이다. 꽃도 원색적인 색채에 처음에는 휘둥그랬으나 이내 무감각해진다. 강도 높은 자극을 계속 받아들이질 못하고 나의 감각이 차단해버리는 모양이다. 그러지 않고 계속 이 무진장한 대자연의 자극에 팔리다가는 그만 해체되어질 것 같은 그런 생각이 든다. 어느 정도 결핍과 불모의 여지가 있어야지.

집에 와서 남극에 관한 책을 열심히 본다. 이 뉴질랜드 사람들이 남극에 열을 올리는 정도는 이해가 간다. 남극의 변화는 가장 가까운 뉴질랜드로서는 불가분 관계가 있으니까. 환경, 특히 공해문제는 이 키위들 문제만이 아니라 우리 인류의 책임이다. 어찌 키위의 걱정에 맡길 일이랴? 나는 스코트 헛을 돌아보면서 특히 영사기로 보여주는 탐험의 과정 일부를 보며 남성은 참으로 위대하다는 감탄이 저절로 나왔다. 우리 같은 사람으로서는 도저히 꿈도 꾸지 못할 일을 해내는 저 힘은 바로 남성의 위력이 아닌가. 진심으로 남성이란 존재에 무조건 숭배감이 인다. 이런 탐험가들에게 나는 존경과 숭배를 드린다. 도저히 닿을 수 없는 힘의 상징, 용기와 순수한 열정이야말로 영웅적 본질이며 찬미드릴 일이다.

남극에 가지 못해도 뉴질랜드에 와서 해저세계를 보고 덤으로 스코트 헛을 돌아봤다 생각하니 흐뭇하다. 살아서 인류의 발자취를 더듬어 보는 보람을 무엇에 비하랴. 인류의 진보를 위해 헌신하고 물러간 발자취, 나는 행복한 하루를 감사드리며 아본데일 주인집으로 돌아왔다. 33번지 아본데일 비샬네 집으로 말이다.

유리창으로 넘어온 햇빛에 목이 타는

목요일 아침 9시 반 Intercity bus로 로투루아에 내려와 이내 여기서 더 머물기로 마음먹었다. 온천이 있어 따스한 수증기가 솟아나고 유황냄새가 나는 아늑한 휴양지. 나는 오클랜드의 가없이 넓은 도시보다 아늑한 이 산골이 좋아 머물고 있다. 잠실 장미아파트 사시던 분 댁에서 기거하고 있다.

집 떠나면 고생이라던 어머님 말씀을 얼마나 동감했는지 모른다. 이 나라는 일교차가 심해 낮에 그리 창창하게 햇빛이 눈부셔도 밤이면 오슬오슬 추워 한겨울 추위를 느끼게 한다. 그리고 온돌에 익숙한 우리는 더욱더 을씨년스런 이런 일교차가 견디기 힘들다. 벽난로가 있고 나무가 비싸지 않건만 나무 값을 아껴야 되는 빠듯한 생활을 하는 주인집 사정을 감안하여 나 역시 극기훈련 온 셈치고 추위를 이겨낸다. 그동안 따뜻한 아파트에서 마음껏 때고 특히 서린이 놀러오는 주말은 산모 방처럼 불을 때놓았다. 손님으로 가서 덜덜 떨던 기억 –런던에서도–을 잊지 못하기 때문이다.

주인집 5개월짜리 유아까지 전부 감기가 걸려 쿨럭대며 병원비가 아까워 병원을 못 간다. 내가 웰링턴으로 떠난다고 하니 주인 남편은 스트레스를 받는다. 내가 더 자기 집에 세를 내고 있어주기를 노골적으로 말한다. 너무나 쪼들리는 생활에 여유가 없다는 것을 피부로 느낀다. 내가 음식 등 여러 가지로 불편하면서도 다른 집으로 못 옮긴 것도 한 번 맺은 관계를 바로 풀기가 꺼려졌기 때문이다. 사람과 사람이 만난다는 것은 나이가 들수록 얼마나 귀하고 귀한 인연인가를 절감한다. 내가 불편하더라도 조금 양보하며 한 가족과의 생활을 무리 없이 끌어간 후 누가 봐도 이유가 충분할 때 떠나는 것이 도리이리라.

힌두교도로서 소고기 돼지고기를 일체 먹지 않고, 같이 사는 내게도 집에서는 먹으면 안 된다고 하는 데는 나는 논리로 따질 일이 아니고 이 상황을 빨리 모면할 일이 우선임을 직감했다. 너나없이 사람들은 자기 범위 이상을 바라보지 못하는 것이다. 세상에는 힌두교만이 종교도 아니고 숱한 계율이 있다는 것을, 사람들은 서로 다르다는 것을 이 피지 섬 출신의 인도인이 알기에는 그의 사고가 옹졸한 것이다. 교육의 혜택을 나는 얼마나 감사드려야 할지 이 가족을 상대하면서 저리게 느꼈다.

나는 겪어보지 못한 가난을 뉴질랜드에 와서 함께 겪은 것이다. 조카들에게도 체험시켜 볼 일이다. 먹다 만 버터 잼에 행복해하는 주인 남자의 단순함을 나는 이해했으므로 궁상맞다는 핀잔을 삼갔다. 광에서 인심 난다는 우리말은 무엇 하나 틀린 말이 없다. 우리 선인들의 예지에 다시 한 번 놀랐다.

뉴질랜드는 너무나 풍성하여 오히려 결핍을 느낀다. 나는 이제 더 이상 감동할 감각이 남아 있지 않다. 나무와 들판 하늘 햇빛에 그리 열광하던 나도 이제 지천의 나라에 오니까 과도한 자극에 무감각해져 오히려 황량한 들판 지저분한 거리들이 그리워진다. 어디 하나 허술한 데가 없는 이 나라. 먹고 사는 걱정이 없고 자연은 무진장 풍요로운 이 나라는 정말이지 재미없는 나라다. 여기 꽃들과 나무가 너무나 원색적인 이유를 알겠다. 공해가 없는 천연 그대로의 색상이 나오니까. 원시의 그 색채가 펼쳐져 있다.

뉴질랜드 날씨는 섬나라 특유의 그 변화무쌍함에 그 특징이 있다. 하루에도 열두 번 아니 수백 번 변덕을 부린다. 이미 영국에서 진력이 나도록 날씨 타령을 들었던 추억이 여기 와서 반복되고 있다. 비가 뿌리다 햇빛이 쨍하고 나와 지금 오후 6시 20분(서울은 1시 20분)인데 해가 중턱에 떠서 언제 질지 아득하다. 오후 10시는 되어야 밤이 되는 이 남반구의 백야. 하루가 어찌나 긴지 아득한 봄날의 기억이 여기서 살아난다.

겨우 안정이 되어 마음이 잡힌다. 오클랜드에서는 어찌 외로웠던지! 로투루아에 와서 우리 교민을 만나고 우리 음식을 먹자 그제서야 나의 생체가 긴장을 풀고 안심을 하는 모양이다. 오클랜드에서 우리말을 못하고 우리 음식을 못 먹자 나는 완전 고립과 문화적 충격으로 절망했던 것 같다. 이렇게 마음이 편안하고 행복할 수가! 괜한 의심을 품었던 일도 부질없게 느껴진다. 환경이 불안정해지면 피해의식에 사로잡히기 쉽다.

맑은 날을 그리 열광하던 나지만 이 나라의 이 강렬한 햇빛, 닿기만 하면 불에 데인 듯 따가운 여름 햇살은 애착의 대상이 아니라 조심의 표적이다. 선글라스를 쓰지 않고는 눈을 뜰 수가 없다. 우리 상식으로는 불량해 보이는 선글라스의 착용이 여기서는 시력보호 상 불가결하다. 방안에서 컴퓨터 자판을 두드리다가 햇빛에 데었다는 사실, 유리창 너머에서 방안 깊이 쳐들어온 햇빛에 목덜미를 빨갛게 데었다면 누가 곧이듣겠는가? 빨갛게 익은 목덜미를 쓸면서 직사광선에 노출하는 일은 이제 신중해야겠다는 생각을 한다. 생전 얼굴을 만족할 만큼 새카맣게 태워보지 못한 나는 여기 와서 그 원을 넘치도록 풀고 있다. 마우리가 되어 귀국하겠다는 소원이 너무나 싱겁게 단번에 이뤄졌다. 이제 내가 마우리인지 누가 마우리인지 구별 안 갈 정도로 태웠으니까 희망 하나를 이뤘다.

방안 깊숙이 쳐들어온 햇빛에 목덜미가 따가워 별수 없이 커튼을 가린다. 왜 이 나라는 집집마다 창마다 흰 레이스 커튼을 이중으로 치고 있는지 그 비밀을 알았다. 살인적인 광선을 누그러뜨리는 비책이었던 것이다. 직사광선을 그리 사랑하는 나도 이 무진장 광폭한 태양에는 손을 들었다. 우리 가을날의 그 쾌청한 햇빛과 맑은 하늘은 정말이지 우리의 행운이다. 더도 덜도 말고 한가위만 같아라는 말은 얼마나 멋진 소망이던가? 한국인의 멋. 온유하며 겸손한 한국인의 멋. 나는 우리 가을날 같은 사랑하는 사람들을 얼마나 그리워하는지! 밤마다 꿈을 꾸고 있다. 꿈의 장면은 한국인데 말은 영어로 하는 버릇이 또 시작인 것이다. 카롯사 시 같은 꿈을 꾸었다.

얼마나 여러 번

카롯사

그리고 얼마나 여러 번 나는
고요한 밤 잠에서 깨어났던가!

떠나오기 전 가을빛과 단풍을 만끽하고 나온 것은 참 현명한 처사였다. 특히 이번 가을은 얼마나 날이 맑고 아름다웠던가? 갑사 저수지 찰랑대던 햇빛과 황혼을 어떻게 잊는단 말인가?

와까레와레 (Whakarewarewa)

– 간헐천 보호지역(Thermal Reserve)

로투루아에 온 지도 벌서 일주일. 하루하루가 번개처럼 지나간다. 하루는 긴 것 같은데 1주일은 빨리 지나간다. 근무할 때와 정반대 현상이다. Polynesian Spa에 가서 여유작작하게 야외 독탕에서 느긋하게 목욕을 하고 배영의 자세로 하늘을 바라보고 둥둥 떠 있으니 내가 바로 흰 구름이 된 기분이다. 간헐천 목욕은 생전 처음이다. 라듐 온천이란 설명과 15분 이상은 들어가지 말라는 안내가 있다. 유황냄새마저도 정다운 아늑한 로투루아. 거리라야 1시간도 안 걸려서 끝나버리는 작은 관광지. 그러나 바다를 앞에 두고 산자락이 부드러운 로투루아는 이상하게 편안한 도시이다. 실은 웰링턴으로 내려가다가 크리스마스 시즌이라 표를 구하기가 어려워 인터시티로 그중간인 로투루아에 내렸던 것인데 아늑하여 한국식당을 물어 찾아간 곳이 일송정이었다. 돌솥비빔밥을 근 두 달 만에 먹으며 인심 좋은 사모님 덕분에 하룻밤 신세를 지고 표를 연기해 놓고 로투루아에서 무기장을 보고 있다. 어떤 도시에 들어서는 순간 이상하게 끌리는 기분을 맛보는 경험이 있는데 일종의 기시감을 이 로투루아에서 맛본다. 사람들의 휴식에 요하는 조건을 두루 갖추고 있다. 번잡할 리 없는 거리,. 잔잔한 호수 같은 바다, 간헐천의 유황냄새가 도시의 특징을 단박에 알려준다. 조는 듯 화평한 호수, 기념품 상점과 모텔이 줄을 지어 서있고 마우리 문화 전통 연구소가 자리 잡고 있는 곳 로투루아는 꼭 들러야 된다고 하는 안내의 주장이 다 옳은 말이다.

불현듯 로투루아 초입에서 지나치며 보았던 간헐천이 보고 싶어 건수 어머니께 말씀을 드렸더니 쾌히 실어다 주어서 평생 처음 간헐천의 신기한 활동을 보았다. 마우리 문화센터에서는 마우리 역사와 전통을 차근차근 설명해준다. 마우리의 목각기술은 신기에 가깝다. 절묘하다. 나는 마우리의 도안 감각이 첨단이었다는 생각을 다시 했다. 어설픈 현대미술 어느 파보다도 마우리 디자인이 훨씬 신선하다. 마우리 전래 음악 공연은 시간이 늦어 보질 못했다. 방송국에서 나와 마우리를 두고 촬영하느라 여념이 없다. 건장한 체구에 눈을 부라리고 혀를 빼며 추는 춤을 열연을 한다. 이어 어느 사이 우리 관광객 그룹이 와서 안내가 자상하게 마우리 건축의 상징을 설명해주고 덕분에 나도 어깨너머로 듣는다. 물을 것도 없고 대답할 것도 없이 그냥 뭉쳐지는 한민족이란 공동 운명체. 나는 숲길을 걸어 간헐천을 따라 걷는다. 정말이지 지각을 뚫고 수증기와 함께 더러 폭발적으로 뿜어 나오는 간헐천이 얼마나 신비한지 모르겠다. 책에서만 배웠던 화산의 분류와 그 활동의 장면 일부분을 이렇게 여기 와서 만나게 된 것이다. 감동적이지 않는가. 우리가 딛고 서있는 지층 아래에서 이렇게 무서운 거대한 힘이 솟구치고 있다는 관찰과 체험은 흥분된다.

어느 곳 하나 그냥 예사로 지나쳐지지 않는다. 100도 정도 되어 위험하다는 경고를 가는 곳마다 붙여 놓았다. 경계 밖으로 내려가 혹 간헐천에 손을 담가보는 호기심 많은 과학자들을 위한 경고이겠다. 나는 지질학이나 생태학 등 자연과학을 얼마나 좋아하는지 모른다. 기상학 천문학 생태학 지질학 등등, 순수과학을 전공했더라면 하는 열망이 오랫동안 자리 잡았었다.

우리나라에서 볼 수 없는 진귀한 구경, 세상이 지구가 얼마나 오묘한가를 웅변해주는 이 자연현상, 대자연의 위대함과 신비. 나는 특히 광폭하게 솟구치는 간헐천이 금방 용암을 분출하며 덮치지 않을까 하는 상상도 들고 100도라는 실감이 나게 수증기 가까이 손을 대면 금방 따뜻한 것이 신기하다. 날씨가 여름이라도 이상기온이라 그렇게 추운데 이 간헐천 지대는 안방처럼 훈훈하다.

하늘을 찌를 듯 뿜어대는 산정 밑의 소는 나란히 있는데 색깔이 판이하게 다르다. 하나는 너무도 고운 옥색으로 나는 그림으로만 보았지 이런 옥색의 연못은 처음 보았다. 우리나라 어디에서고 이런 옥색의 물빛은 없다. 비취색이라고 하나 에메랄드 빛 물빛은 많이 보았지만. 아무래도 유황과의 화학작용 결과 물빛이 염료를 풀어 놓은 듯 고운 것이다. 수증기 밑으로 물이 어찌 맑은지 세상의 티끌이 전혀 없다. 도대체 이 나라는 어찌하여 이런 무진장한 자연의 복을 지니고 있는가? 인구 300백만. 우리나라 한 도시만도 못한 인구를 지니고 땅은 넓어 양이 인구보다 다섯 배 많다나! 진흙이 뽀글뽀글 끓어오르는 지형은 짓궂다. 장난꾸러기 외국 소년이 무언가를 집어던진다. 미용에 좋아 상품이 되고 있는 진흙.

어지간히 돌고 내려오다 카페 입구에서 우리나라 사람을 만나 담소하였다. 당연히 혼자 다니는 나를 보고 놀란다. 외국을 혼자 다닌다는 게 그리 어려운 일인가보다. 혼자 다니는 나를 보고 용기 있다니 배짱 있다느니 하는 온갖 말들이 다 성가시다. 혼자 다니는 것은 자랑할 일도 그렇다고 부끄러워할 일도 아니다. 나는 해탈이라는 덕을 추구한다. 얼마나 편안한지 드물게 안정을 찾고 있다. 그 아집, 미움에 뒤집혀 날뛰던 기억이 지겹고 고통스러운 것이다.

타우랑가 해변(Tauranga)

벼르던 타우랑가 비치를 향하여 11시에 출발했다. 건영 드라이브, 수정을 데리고 사모님과 넷이다. 무변의 해안은 기대한 대로 아름답다. 모래가 콩가루처럼 보드랍고 곱다. 먼지 하나 잡티 하나 섞이지 않은 모래, 내가 가 본 해변 모래사장 중 최고로 모래가 곱고 깨끗하다. 끝 간 데 없이 넓은 바다에 갈매기는 아예 사람들 곁에 다가와 놀고 있다. 여기 동물들은 사람을 어찌나 따르는지! 우리 동해안 같은 식의 바다이나 쓰레기라고는 눈 씻고 찾을래야 없다. 사모님은 조개 줍는 재미로 정신이 없다. 물이 차가워서 나는 더 깊게 들어가질 못하겠다. 파도타기를 하는 아이들, 일광욕하는 여인들, 노인들 틈에서 수정은 모래성을 쌓느라 여념이 없다. 나는 조개껍질을 줍고 모래바닥에 누웠다가 맨발로 걷다가 해안 구조소에 올라가 안전요원과 이런저런 이야기를 하다 돌아왔다.

타우랑가 뜻이 무어냐니까 모른다고 한다. 마우리어는 철저하게 잊어버리도록 교육 받은 때문인가? 무관심과 백인의 오만이 마우리어를 잊게 했을 것이다.

수영장이 산 밑에 눈부시게 위생적으로 자리 잡고 있다. 나는 기갈 들린 사람처럼 수영을 했다. 그러나 오랜만에 하니깐 잘 나가질 않는다. 연구단지 수영장을 늘 다니면서 배웠는데도 그렇다. 코치 선생님도 친절하고 같이 수영하던 선생님도 좋았고 수요일마다 수구를 하면 우리 팀이 이겼는데… 그러나 여기 풀장은 어디나 성인 기준이며 나 같은 경우 물이 목까지 차서 수영을 하기가 거북하다.

그러나 배영을 배운 덕으로 가만히 누워 작열하는 태양과 파란 하늘을 바라보고 구름처럼 떠있는 순간은 얼마나 쾌적한지! 지금쯤 병동 깊이 들어가 환자 보느라 여념 없을 사람들을 생각하며 전화를 할까 하다가 그만둔다. 자칫하면 자랑 아닌 자랑으로 들리지 싫어서다. 과연 솔트워터 풀장이라 눈이 따가워서 오래 수영을 하지 못하겠다. 팔뚝이 까맣게 타서 한 껍질 벗겨졌다. 생전 처음이다. 이렇게 태워본 적이 없었다. 나는 귀국하여 사람들이 나를 보면 깜짝 놀랄 정도로 타버렸다.

사모님은 옷 보따리를 풀장 한가운데 벤치다 올려놓은 채 먼저 들어가 계신다. 한국 사람의 습관인 보자기가 눈에 띈다. 나는 슬그머니 혼자 웃었다. 풀장 입구에 옷장을 가지런히 칸칸이 해 놓았는데도 우리는 보따리를 놓고 수영을 한다. 포대기를 둘러 아이를 업어 키운다는 한국 부모들 이야기처럼 자기 하던 버릇을 무조건 다 버리고 남 하는 대로 따를 필요는 없다고 본다. 보자기처럼 실용적인 가방이 어디에 있는가. 루이뷔똥 가방이 고급이라 자랑하지만 그 무게만으로도 질리고 누군가 다른 사람 힘을 필요로 한다. 그러나 보자기는 얼마나 겸손한가! 온갖 잡동사니를 다 쑤셔

넣고도 자신의 무게를 더해주질 않으니 그 덕성이 참으로 크다 하겠다. 여행하는 사람에게 짐이란 것은 티끌도 무거운 것이다. 여행을 좋아하지만 무거운 가방을 옮기는 게 싫은 나는 아예 한군데에 베이스캠프를 치듯 집을 정해놓고 주변을 돌아본 다음 다시 돌아오는 식으로 여행을 하고 있다. 그런 지점으로 로투루아는 참으로 적합한 휴양지이다.

수정이 햄버거를 사달라고 졸라 맥도날드에 가서 밖에서 햄버거를 먹었다. 나로서는 몇 년 만에 먹어보는 햄버거이다. 맥도날드에 들어갈 일이 없는 때문이다. 날씨는 한여름인데도 무덥지 않고 우리 가을날처럼 서늘하다. 쾌적하기 그만인 날씨.

마운틴 K-mart에 들러 쇼핑을 하였다. 오스트레일리아 옷인데 롯쏘 화풍의 스커트와 티셔츠를 봐뒀다. 단순한 디자인에다 면으로 되어 있어 마음에 들었다. 다음에 기필코 살 예정이다. 호주풍의 옷을 장만해야지. 단벌 신사라는 말 그대로 입고 벗을 것만 갖고 온 나는 얼마나 검소한 옷차림을 하고 뉴질랜드를 쓸고 다니는지. 옷을 사서 이렇게 세나게 입은 옷도 드물겠다!

아이스크림을 하나씩 먹은 다음 귀가하였다. 고속도로 표지판에는 말과 소 표시가 있다. 그러니까 말이나 소가 횡단하는 경우 대비하라는 표시다. 말 그림을 보니 아직 승마를 못하고 있는데 천천히 시작해야지 하는 생각이 난다.

바다와 호수가 많은 로토루아 초입에서부터 달걀 썩는 냄새가 나기 시작한다. 로토루아라는 신호다. 나는 백만장자 부럽지 않은 여행을 하고 있다. 사모님께 농담으로 백만장자 부럽지 않은 나날이라고 말했다. 정말 그렇다. 백만장자라도 하루 쯤 이렇게 한적하고 아름다운 휴양지에서 고단한 시간을 뒤로 두고 푹 쉬어 보면 삶이 얼마나 흐뭇하겠는가. 아귀다툼을 하던 날들이 먼 피안의 이야기였던 것인가? 내가 이렇게 행복해도 되는가 꼬집어볼 때가 있다.

어느 도시에 들어서는 순간 첫눈에 반하듯 그 도시에 반하는 일이 있다. 이 로토루아가 그렇다. 바드스테나(스웨덴 남서단에 위치한 중세풍의 도시로서 성녀 비르지타의 출생지로 성지이다)와 비슷한 분위기이다. 바다가 발목을 적실 듯 찰랑댈 정도로 수량이 풍부하다는 것과 한적하며 알맞게 조용조용하다는 점이 비슷하다. 바드스테나는 그 나라 역사가 유현하듯 더욱 고풍스런 건축물, 특히 르네상스 건축물이 현존하는 데 비해 이 나라가 그런 면에서 현대의 도시라는 점이 조금 다르다. 바드스테나는 비르지타 성자가 탄생한 도시 아닌가.

리드베리 교수와 컨퍼런스를 동행했던 일이 생각난다. 나는 많은 인덕을 입었다. 외국인 스승이 나라는 사람을 대우해준 것은 한국이란 나라를 대우한 것이다.

타우랑가의 마력은 태고로 뒤돌아간 듯 두 뺨을 스치는 바닷바람이 그렇게 향기로울 수가 없다. 고혹적이라는 표현이 어울린다. 우리는 뉴질랜드를 지리적으로 지구의 맨 바닥에 매달려 있는 기분을 느끼지만 반대로 이 사람들은 세계지도에 뉴질랜드를 맨 위에다 놓고 있다. 민족마다 자기가 사는 지점이 세계의 중심이란 주장은 그러므로 너무도 지당하고 존중

되어야할 자기 정체감인 것이다. 어렸을 때 우리나라가 제일 큰 나라라고 믿었던 것이 잘못되지 않았던 진실이었듯이 말이다. 여행은 어쩌면 나를 우리 삶의 본질과 만나게 해주는 지름길인지 모른다. 집을 떠나는 나그네는 그러므로 누구보다 인간적인 영혼의 순례자가 아니겠는가?

3

프라하 어디에선가

아우슈비츠의 침묵

아! 여행은 헛수고
제한된 자아를 유지하는 것

고트프리드 벤은 이렇게 찬물을 끼얹지만, 우리 같은 범인은 여행하면 우선 그 자체로 복에 겨워서 들뜬다. 더욱이 황금연휴에 자별한 동문들 가족이 대거 동유럽으로 출정을 나갔으니 이보다 더 큰 축복이 어디 있는가?

프라하 공항에 내려 그 길로 부르노로 1시간 반을 내려가 늦은 저녁을 먹고 취침. 새벽같이 문을 두들겨 깨워서 안개 낀 새벽 Voronez호텔 주변을 황영자, 한균인, 김명숙, 심정임이 보무당당하게 산책하고 아침을 달게 먹었다. 아침 잠 많기로 유명한 게으름뱅이인 나도 단체여행의 규율을 어길까 바짝 긴장한다. 병원을 빠져나와 쉬는 시간은 부담이 없으니까 날아갈 듯 에너지가 충천한다.

멀미나게 먹던 에그앤베이컨을 게걸스럽게 먹고 폴란드로 넘어와 아우슈비츠에서 점심을 먹고 안내자를 앞세우고 수용소를 돌아봤다. 너나없이 입을 꽉 다물고 이동하며 탄식들을 한다. 점심 먹은 것이 체한 것은 아닌데 속이 아리다. 인류 최대의 수치인 범죄현장에 서있다는 실감을 생리적 반응으로 정직하게 답변한다. 유구무언이랄까, 이 참상에 무슨 말을 더 보태랴? 인류가 이렇게 잔악한가? 너나없이 원죄를 짊어지고 있는 존재들로서 이 야만에 고개를 들 수가 없다. 돌아와서 사진을 보니 모두들 표정이 굳어서 어깨동무는 했건만 시무룩한 것이 골난 사람 표정 같다. 선로에 앉아 사진을 찍으면서 이 철길이 생과 사의 갈림길이었다 생각하니 등골이 오싹한다.

세월 앞에는 온갖 고통과 불행도 이렇게 침묵하게 되는가? 청명한 폴란드 오지의 들판에 무심한 햇볕이 유럽 날씨로는 예외적으로 따갑다. 순박한 시골이 천인공노할 대참극의 무대로 등장하더니 이제는 또 전 세계 참관객으로 미어터진다는 오늘이 역사의 아이러니를 느끼게 한다.

역사란 무엇인가? 참으로 역사의 의미란 무엇인가 내심 항변하지 않을 수 없다. 에드와드 H. 카도 아우슈비츠의 비극은 명쾌하게 변론하지 못했다. 아니 제 아무리 고명한 역사학자도 아우슈비츠에 대해서는 논리를 잃고 침묵한다. 가톨릭이 당시 상황에 침묵 방관했다는 수치를 교황 요한 바오로 2세가 뒤늦게나마 역사적 과오로 인정했다는 것은 그나마 다행이다. 이런 용기 있는 지성과 그 깊은 사랑에 전 인류가 교황의 서거에 그리 애도를 보낸 것 같다.

콜베 신부님 지하방이 성인품에 올라 보존되어서 미래의 희망의 증거를

아우슈비츠에서 동기들과. 어깨동무는 했건만 시무룩하다.

이 선로가 생과 사의 갈림길이었다니…

보여준다. 그 아비규환 속에 인류의 사랑이 마르지 않았다는 사실에 경의를 표하지 않을 수 없다. 혹독한 겨울 속에서 사랑의 불꽃이 꺼지지 않았기에 인류의 역사는 다시 제자리로 돌아와 희망을 향한 장미꽃을 가꾸고 있다. 동구 여행의 첫 방문지로 아우슈비츠를 안내해준 것은 참으로 잘한 일이다. 과거를 경시하는 사람은 현재는 물론 미래도 소홀히 할 사람이기 때문이다. 지하방이지만 콜베 신부님 방은 빛의 거울이 되어 순례객들을 감싸준다.

타트라 호수의 오리들

아우슈비츠를 벗어나 크라코프로 들어오니 침통했던 마음이 누어진다. 교황을 배출한 도시답게 구시가지 도처의 창틀에 요한 바오로 2세의 사진이 앉아 계신다. 까페에 앉아 관광객들을 바라보는 시민들의 여유가 부럽다. 까페에 앉아 아무것도 안 하고 그냥 앉아서 시간을 보내는 호사를 누리고 싶다.

아무것도 안 하고 그냥 앉아서 지나가는 사람을 보든지 아니면 성당의 종소리를 세든지 아니면 흘러가는 구름을 쫓든지… 아! 그런 무위의 시간이야말로 가장 치열한 창조의 시간이 아닌가! 그러나 일정에 따라 움직이는 우리는 도저히 그럴 수 없다. Crown Piast 호텔은 아담하고 정원의 나무와 만개한 꽃들이 목가적이다.

오전 관광은 유네스코 문화재에 등재된 비엘리츠카 소금광산 차례이다. 지하에 소금월드가 펼쳐진다. 그 안의 시설들은 단지 생필품을 얻는 과정으로서뿐 아니라 일생을 바쳐 기도한 삶의 터전으로 성당을 지어 놓았다! 소금 결정 하나하나에 열정의 혼인 끌을 쪼아 빼어난 제단과 사도들의 동상을 조각해 놓았다. 소금이 아니라 마블 월드 같은 착각이 든다. 침을 약간 묻혀 손가락으로 찍어보자 짠맛이다. 분명 소금임에 틀림없다.

마지막 관람이 끝나자 지상으로 올라오기 전 연못에서 불을 끄고 쇼팽의 이별을 연주해준다. 인정 많은 폴란드 사람들. 돈 받고 관광하고 돌아가는 것으로 끝이지 않고 만남과 헤어짐을 반추하는 배웅의 미풍이 우리와 비슷하다.

크라코프를 뒤로 두고 떠나자니 여기 강에서 카누를 타러 갈 때는 카를 보와티에 추기경이었는데 로마 교황청의 파발이 당도하자 요한 바오로 2세로서 카누에서 서둘러 내리셨을 때의 첫 발짝이 얼마나 성스러웠을까 하는 상상이 일어난다.

성지 순례로 다시 한 번 오게 되기를 마음속으로 기약하며 남으로 남으로 기수를 돌려 슬로바키아 산맥의 휴양지인 타트라에 도착하였다. 산장 같은 Grand Hotel에 짐을 풀고 어딜 가나 한균인 소장이 리더가 되어 땅거미 지는 호숫가를 한 바퀴 일렬종대로 돌았다. 이방인의 틈입을 전혀 두려워하지 않고 오리들이 쏜살같이 날아와 재롱을 떤다.

한영희 원장이 아침에 빵을 싸다 그예 어제저녁 환영의 답례를 했다. 그림같이 아름답고 청정한 호수. 이런 호숫가라면 정말이지 샤또브리앙이 아니라도 지고의 사랑에 빠질 것 같다. 라마르띠느의 비련의 무대가 된 호수가 이런 호수였겠지 하는 상상이 든다. 휴양차 호수에 머물던 부인과 함께 했던 시간을 멈춰 달라고 되돌려 달라고 애원하는 시인의 절규가 잡힐 듯 잡힐 듯 가물가물하여 떠오르지 않는다. 그간의 나날이 얼마나 산문적이었나 탄식이 인다. 시인이 아니라도 누구라도 타트라의 호수에 서면 가장 인간적인 영혼의 울림을 만나게 되리라. 잃어버렸던 자신의 내면과 조우하게 되리라. 타트라 호숫가에서 헐벗었던 자신의 영혼을 일초라도 되찾았다면 그 자체만으로도 여행의 보람은 충분하지 않을까!

프론트에서 야생화 사진이 무척 고와 가격을 묻자 옆의 장애인 사진을 가리키며 무인판매라고 한다. 돌아와 가방을 풀고 보니 몇 장 안 되는 귀한 기념품이 되었다.

아직 동유럽이 완전 서구화 되지 않았다는 흔적의 일례가 국경의 여권검열이다. 지체할 뿐 아니라 버스에 올라와 표독한 눈초리로 아래위를 훑어보며 조사를 하고 내려가는 국경도 있다. 마치 극악범을 놓치면 낭패라는 듯한 서슬이다. 아니 자기 나라에 유로화를 떨어트리고 가는 손님들이라는 개념이 아직 아니다. 어떻게 보면 순박하다.

세상천지 유럽 어디에 국경이라는 벽이 있던가? 민족과 문화의 차이는 있지만 국경의 바리케이드는 없다. 내가 시대문학에 국경의 개념에 대해서 한바탕 한국인의 비극으로 반도에 갇혀 옹색해진 사고 범위와 운신의 폭이 줄어들어 소시민적 사고의 틀에 갇혀버린 불행을 논한 적 있다.

38선이 물리적 지리적 분단뿐만 아니라 우리 의식까지도 왜소하게 위축시켜 놓았다. 그래서 우리가 더욱 각박해지고 살벌해진 게 아닐까? 출구가 많지 않은 반도라는 지정학적 단절감이 북으로의 노 웨이 아웃은 철천지한이다.

울고 싶은 굴라시!

부다페스트

헝가리로 넘어와 부다로 들어오니 동유럽의 파리라는 칭호가 무색하지 않다. 마자르족의 위용이 얼마나 담대했는가를 거리거리 그 웅장한 규모에서 미루어 짐작할 수 있다. 어부의 성채에서 내려다보는 다뉴브 강과 페스트 거리는 광활하여 도시가 아니라 대평원 같다. 팜파스가 남미에만 있는 게 아니라 유럽에도 있다는 발견이 경이롭다. 작은 나라에서 자란 내게는 우선 탁 트인 공간감, 시야가 머물 데가 없는 까마득한 지평선 자체만으로도 무릎이 꿇어진다.

마자르 족이 서진하여 오랜 역사가 침전되며 혈통이 섞여 동서양을 합친 인종이 탄생한 것이다. 유람선을 타고 다뉴브 강을 한 바퀴 돌고 야간에 우드바라즈 헝가리안 민속 쇼를 관람했다. 영화에서 봤던 코삭의 춤이 떠오른다. 바라보는 것만으로도 현기증이 난다. 저 힘 저 정열 저 팽이처럼 도는 스피드의 근원은 어디인가? 매우 남성적이랄까 맹렬하다. 민속노래는 집시음악을 브람스의 손끝을 거쳐 보다 친근하게 우리에게 선물했다는 생각이 든다. 노래라면 무조건 열광하는 내 귀가 잘 열리지 않는다.

그 나라 음식이 그 풍토에서 가장 맛있는 요리라고 굳게 믿고 기대했던 굴라시는 영 맛이 아니다. 울고 싶다! 런던 스톡홀름에서 먹었던 굴라시만도 못하다. 하긴 칠백 명의 관광객을 동시에 서빙하려니 재료인들 제대로 들어갔겠는가?

영웅광장에 서니 각 나라의 광장은 역사의 고비에서 분수령이 됨을 알겠다. 사람이 모여야 일이 되고 그 사람이 모이는 곳이 광장이므로 광장은 세계인의 자유의 산실이라 하겠다. 영웅광장의 명칭만으로도 헝가리인들의 자유의지가 얼마나 충천했는가가 미루어 짐작이 간다. 자유를 위해 목숨을 건 시민들의 숭고한 영혼이 영웅이 아니고 누가 영웅이란 말인가? 문명의 진보가 각 나라마다 공통된 단계를 겪는다는 발견은 경이롭다.

이갑엽 원장 사모님께서 현 정권에 대한 반대시위를 염려하여 가이드한테 우려의 질문을 하자 염려할 정도가 아니라고 일축한다.

그 유명한 토카이 와인을 너도나도 산다. 사우나가 유명한 헝가리라 수영복도 지참했건만 시간이 넘어 그대로 투숙. Aquincum 호텔 이름을 보고 상상하시라!

볼프강 호수의 뱃놀이

드디어 비엔나 도착. 오스트리아의 가우디로 소개된 훈데트바써가 설계한 시민 아파트를 돌아보았다. 친환경적 개념을 시민 아파트에 적용하여 관광 명소를 만들어 세수원을 확보한 비엔나. 이중삼중으로 높은 문화수준을 과시한다. 생활 속에 자연을 끌어들인 대담한 발상은 좋으나 과연 실내에서 자라는 식물과 나란히 잠을 자기가 편할까 하는 의문이 일어난다.

쉔브룬 궁전은 합스부르크 왕가의 보고답다. 특히 마리아 테레자 여제의 스케일은 여제라는 칭호가 그냥 따르는 게 아니라는 공감을 준다. 딸 마리앙트와네트가 혁명의 현장에서 역사의 제물이 되어 처형되리라고 당대에 꿈에라도 생각했을까? 물론 역사책을 보면 어머니로서 딸의 행실과 사치가 우려되어 자주 훈계한 기록들이 전해진다. 그러나 어머니의 간절한 애원도 딸의 운명을 막지는 못했다. 그렇게 보면 절대권력도 절대왕정도 역사의 관점에서 보면 순간에 불과한 유희인지 모르겠다. 당시 삶의 유적을 남겨 후대의 사람들에게 역사의 교훈을 알려주는 무대장치로는 그만이다. 휘황찬란한 장식과 위용에도 불구하고 쉔브룬 궁은 적막하고 냉

비엔나의 거리를 활보하다 잠시 지친 다리를 쉬게 했다.

베데딕트 수도원의 본산인 멜크 수도원 앞에 서니 무한한 은총이 내게까지 내리는 듯했다.

기가 흐른다. 사람이 살고 있는 하워드 캐슬(요크의 성)과는 다르다.

다뉴브 강가에서 먹은 슈파립스는 각별한 맛이 있다. 동문들 모두 그 어마어마한 양을 먹어 치운다. 왈츠 공연장에서 조성진 선생님을 만났다. 치료 감호소서 헤어진 후 비엔나에서 조우하다니! 세상이 넓고도 좁다. Hilton 호텔은 안락하다. 동구권의 호텔들은 규모나 양식에서 옹색한 면이 보였다. 통제사회가 풍기는 규정이 많은 탓이리라.

갈 곳 많은 비엔나를 떠나 로맨틱 가도를 달려 멜크 수도원을 방문했다. 움베르토 에코의 '장미의 이름'을 영화로 만들 때 고문서에 얽힌 미스테리의 산실인 라이브러리를 여기서 촬영했다고 한다. 그러고 보니까 숀 코네리가 등장했던 영화의 장면이 겹치면서 낯익은 느낌이다. 신앙의 단계를 형상화한 방이며 현재도 수도가 지속되고 있는 베네딕트 수도원의 본산에 서니 열정적 신앙의 삶을 향한 무한한 은총이 내게까지 하사되는 것 같다. 토마스 신부님이 보내 주셨던 카드가 이 멜크 수도원 인근이었던 게 아닐까 하는 생각도 짧게 떠오른다.

잘츠부르크를 가는 도중 코치 안에서 사운드 오브 뮤직이 나온다. 몇 십 년 만에 보니까 감회가 새롭다. 느긋한 오후 오스트리아를 가로지르며 달려가는 창밖의 정경이 동화처럼 영롱하다. 짤쯔캄머굿의 아름다움은 그림엽서 속을 달리는 듯 무염수태 속의 아이가 누릴 듯한 평화로움 그 자체이다. 볼프 강 호수의 유람선 사진을 보면 과장이 아니란 것을 즉시 알아채리라. 이태백이 달을 건지다 못에 빠졌다던데 볼프강 호수는 요기로와 물속에서 미녀가 잡아끌듯 신비하다. 시간을 멈춰줬으면 하는 황홀한 정

볼프강 호수에서의 뱃놀이는 유쾌했다.

중세의 유적이 고스란히 숨 쉬는 체스키 크룸로프, 전설이 살아 움직인다.

점이 있는데 볼프 강 호수의 뱃놀이가 그렇다! 슈테판 성당에서 촛불 봉헌을 했다. 추석 아침이라고들 알려준다. 잘츠부르크는 산악지대의 도시이다. 길도 좁아 협곡을 걷는 것 같다. 피레네 산맥과 비슷한 지형이다. 모차르트 생가를 돌아보는데 의외로 천정이 낮다. 천재는 기어들어가는 집이냐 대궐이냐를 불문하고 불멸로 존재한다. 바이올린 속에 든 초콜릿을 샀다. Mercury 호텔 투숙.

벌써 여행도 막바지로 다다랐다. 다시 프라하를 향해 올라가는 시점이다. 중간에 중세의 유적이 고스란히 숨 쉬는 체스키 크롬로프에 머물렀다. 동화 속 성의 현현이랄까, 꿈같은 전설이 살아 움직인다. 시계가 체스키 크롬로프에서는 거꾸로 가는 것 같다. 언젠가 아마 1984년 겨울 브루헤(벨지움)에 갔을 때 막 교중미사가 끝나고 종소리가 터지며 신자들이 나오던 장면에서 아! 여기서 살다 죽고 싶다고 외쳤었다. 브루헤와 닮은 도시이다.

마술피리가 울릴 듯한 고성과 아기자기한 성곽들을 뒤로 두고 여행의 종착지인 프라하로 올라간다. 여기서 계속 올라가면 스톡홀름이 나오고 달라가트 34번지에 가면 반가운 언니 같은 김현덕 선생님과 박 선생님 댁이 있는데 하는 생각이 든다. 가면 얼마나 반가와 하실까? 유럽에 나오지 않는다고 성화이다. 11년 만에 유럽에 나왔다. 너무 적조했다.

프라하 어디에선가

프라하 야경은 '프라하 퍼펙트'의 소개가 과장되지 않았음을 증명한다. 가이드가 가는 곳마다 '프라하의 연인'과 연관지어 설명을 한다. 생전 드라마를 보지 않는 사람, 질색하는 사람인지라 무슨 소리인지 모르겠다. 카를교에는 일화도 창연하다. 얀 네포무츠키 신부의 동상은 단연 문전성시. 의심 많은 바츨라프 4세의 회유에도 굴하지 않고 왕비의 고해를 지킨 얀 신부. 혀를 자르고 돌을 달아 강에 시신을 버리자 시신이 떠오르며 별 다섯 개가 비추었다고 한다. 체코의 수호성인으로 추앙 받는 네포무츠키 신부의 신심이 길이길이 앞으로 프라하를 여행 올 사람들 마음속까지 밝히리라!

구시청사 탑 외벽에 설치된 천문시계는 역시 인기다. 1410년에 만들어졌다는 이 시계는 시계공 미쿨라쉬가 최초로 제작하고 프라하 대학의 수학 교수였던 하누스가 발견했다고 한다. 복잡한 구조로써 시계공 눈을 장님으로 만들어 버렸다는 설명이 따른다. 각국에서 주문이 쇄도하자 독점을 위한 조치였다고 한다. 예나 지금이나 권력자들은 비정도 하다. 아름다운 창조에 이런 잔인한 보답을 안기다니! 시계는 오늘도 수많은 관광객들의 호기심을 태우며 정각이 되면 종소리와 함께 작은 창문이 열리면서 인형으로 된 암탉과 열두 사도가 차례로 지나간다. 벌떼처럼 모여든 관광객들이 일제히 환성을 지르는 순간이다. 명숙과 둘이 참을성 있게 두 차례나 열두 사도를 보았다.

오전에는 아예 관광팀과 쇼핑팀으로 나눴다. 황금소로는 아기자기하다. 카프카가 살았던 방과 작품들을 연상하니 '변신'과 '성' 등의 작품의 배경이 보다 깊게 짚어진다. 작가가 처한 공간의 영향은 작가의 재능 버금가게 중요하다는 게 나의 지론이다. 그 많은 고성에 둘러싸인 체코를 와보니 '성'의 주제 실존이 조금이나마 이해된다. 선물들을 사느라 분주하다. 병원 식구들 선물은 열쇠고리를 샀다. 디자인과 세공이 쓸 만하다. 언니와 조카며느리를 위해 스와로브스키 브로치 세 개를 샀다. 바츨라프 광장과 레지땅스가 최후를 맞았던 벽까지 돌아보았다. 광장에 서면 묘한 흥분이 일어난다.

나는 가이드에게 프라하는 영화나 방송극의 무대로서도 중요하지만 실제 최근의 중요한 역사적 사건인 '프라하의 봄'의 주역이었던 두프체크가 이 광장에서 봉기를 주도했으나 불행하게도 소련의 탱크부대의 진압에 밀려 좌천되어 지방 산림청의 직원으로 겨울 숲을 우울하게 거니는 사진이 자유세계 독자들을 울렸었다고, 의학생 때 나도 그 사진을 오려서 두고 보았던 옛이야기를 들려주었다. 또 하나 간과할 수 없는 프라하와 얽힌 인물 체 게바라가 콩고 혁명을 일으켰으나 참담한 실패를 하고 은신처로 택한

프라하 혁명광장에서. 광장에 서면 묘한 흥분이 일어난다.

곳이 프라하로서 프라하의 3개월은 게바라에게 밤에만 나와 돌아다니는 게릴라의 연장이었다. 보디가드 폼보가 흑인이라 당시 프라하에는 흑인이 별로 없어 시선을 피해 밤에만 거동했다는 기록이 있다. 이미 전 세계적 뉴스의 주인공이 된 그로서는 은닉처를 찾기도 곤란했으리라. 화보에 보면 희미한 가로등과 안개 속 게바라의 형색이 말할 수 없이 처연하다. 사람들은 대개 연인들의 삼각관계에 침을 튀기지만 나는 실패할 운명에 처한 한 혁명가의 열정에 찬 삶이 더욱 관심을 끈다. 그의 고뇌가 개인으로 끝나는 게 아니라 우리 모두의 미래를 위한 이상의 헌신이었음을 알기에 더욱 그렇다. 프라하에서 볼리비아로 들어갔으나 볼리비아의 이게라는 오지가 처형의 최후를 대기하고 있었다는 사실은 이미 역사가 아닌가! 또 하나 올브라이트 국무장관의 자서전을 보면 블타바 강에 대한 추억과 하벨 대통령과의 교유가 나오는데 하벨이 체코 대통령직을 수락해주기를 바라는 이야기까지 나온다. 하벨이 한사코 사양하면서 체코를 망명하지 않은 사람이 대통령을 해야 된다고 한 글을 읽으며 양식 있는 지도자를 갖고 있는 나라는 행운이라는 생각이 든다. 가이드에게 기회 닿는다면 안내할 때 이런 사실들도 곁들여 안내하면 더욱 값진 산 여행이 되지 않겠느냐고 권유했다.

고풍 어린 레스토랑에서 점심을 먹고 짐을 정리하고 프라하 공항으로 나오니 꿈같은 여행이 이렇게 재빨리 가버렸나 싶다. 일찍 나와 넉넉한 시간을 두고 앉아 있으니 느긋해서 좋다. 체코 와인 한 병을 부원장을 위해 샀다. 십일 년 만에 나와 둘러보니 우리 물건이 상대적으로 너무 좋다. 탐이 나서 손가락을 빨(?) 물건이 별로 없다. 그만큼 우리 경제가 성장했다는 것이고 한편 물건에 혹하지 않는 나이가 되어버린 감성의 변화를 알아챘다. 하루라도 더 유럽에 있겠다고 발버둥치던 때가 어제 같은데 이제는 에어티켓이 썩고 있다.

여행의 즐거움 중에 쇼핑도 한몫한다. 명품 애호가들에게는 첨단의 제품을 구매한다는 만족감이 따르겠지만 구태여 비난을 들을 정도로 과도하게 장만하느냐는 세법의 문제가 있다. 알맞게 사고 돌아오기를 잘했다.

프라하여 안녕!

대전의 의사들이 그대를 언제 또다시 만나러 오겠는가? 그러니 영원한 안녕을 고할까나? 다시 오게 해달라고 네포무츠키 신부 동상의 발을 다들 한 번씩 문질러 광택을 냈으니 혹 모르니 기도를 더욱 부지런히 할까나?

우리 모두 그대를 다시 만날 날까지 프라하여 안녕! 안녕!

영원히!

4

도스토옙스키와 투루게네프의 나라 러시아

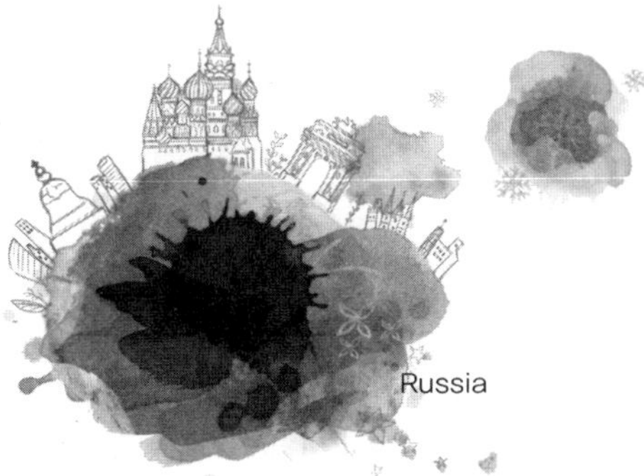

피터 대제의 도시에 서다

한때 레닌그라드로 불렸던 '습지'라는 뜻의 네바 강이 흐르는 도시에 천신만고 끝에 드디어 도착했다. 감개무량한 기분까지 드는 것이 실로 15년이 지나서 오늘 이 도시에 입성했으니 말이다. 1993년 10월 17일, 헬싱키 역에서 St Petersburg 행 열차시간을 얼마나 뚫어지게 바라봤는지 모른다. 예정에 없이 그냥 페테르부르크를 들어갈까 몹시 갈등했던 기억이 새롭다. 후딩에 사법정신과 병원 교환이 아녔다면 내처 페테르부르크로 행차했으렷다. 헬싱키 역 한켠에 러시아인 전용 매표소가 남아 있는 것을 보고 놀랐던 기억…. 식민의 잔재 청산이 그렇게 쉽지 않다는 반증이 되고 있는 헬싱키 역사를 뒤집어보며 우리 속의 일재잔재도 그 꼬리가 남아 있음을 탄식했었다. 여행은 기이하게도 항상 현재와 과거의 욕망을 적당하게 무의식속에서 반죽하면서 더욱 미래의 여로를 향한 열광이 고조된다.

Park Inn Privaltiskaya Hotel은 꼭 필요한 물품 외에 낭비라는 것이 없다. 공산주의 체제 하의 생활상을 짐작하게 한다. 사치는 금물이라는 분위기가 느껴진다. 불편해도 옛날 호텔에 머물렀으면 여행의 정취를 더욱 만끽하련만 편리한 것을 염두에 두고 최근 지은 호텔을 안내한 것 같다.

파블롭스키 요새는 어느 방향에서 보아도 난공불락의 요새로 손색이 없다. 피터 대제의 러시아라는 나라의 미래에 대한 예지가 전율할 정도이다. 저 요새에서 아들도 고문을 했다고 하니 역사의 아이러니라고 해야 되나, 대제 혈통의 자가당착이라고 하여야 되나.

춥다 춥다하는 소리가 귀를 때려 피터 대제와 아들의 비운의 사건에서 깨어난다. 북구의 가을을 살아본 경험에 비추면 그리 추운 날씨가 아닌데 춥다고 난리이다. 아무래도 남의 나라라는 익숙지 않은 물리적 환경이 더욱 춥게 느껴지는 것 같다. 트렌치코트도 무거워서 가져오지 않고 터키 콘야에서 샀던 가디건으로 러시아의 초가을과 한판승을 겨룰 작정이다. 스톡홀름의 10월 날씨가 만만찮게 추웠던 기억이 있는 나로서는 이 정도 날씨는 문제가 되지 않는다. 9월 중순 한가위인데 아무리 위도가 높다고 하나 이렇게 추위에 벌벌 떨 철은 아니다.

예카테리나 여제의 궁전은 아름다움의 극치이다. 호박방에 들어가니 사진을 엄금한다. 호박이라면 사족을 못 쓰는 여성들의 탄성이 터져 나온다. 러시아 사람들의 색감이 이렇듯 우아하고 고상하리라고는 참으로 '예전에 미처 몰랐어요'이다. 유럽의 다른 어느 나라보다 외벽의 색채가 화려하다. 러시아 하면 음울하고 혹한의 시베리아 벌판의 불모지에서 불어 닥치는 한파와 황량한 지평선 등으로 도무지 색채라고는 눈을 씻고 보기 어려운 무채색의 도시로 각인되어 있던 나의 선입견이 보기 좋게 깨어졌다. 편견의 비늘이 훌훌 떨어진 후 눈에 들어오는 건축물의 우미함과 그 찬연한 광채는 눈이 부시다. 어떻게 저렇듯 완벽한 색감과 순도를 유지 관리하나 경탄경탄한다.

궁전 내부 장식의 호화로움은 비할 데 없고 도자기 벽난로의 청회색 주조를 이루는 문양은 그윽하나 중국 도자기의 뿌리가 보인다. 베르사유 궁전을 본땄다 하나 러시아인은 모방에 그치지 않고 러시아적 창의성과 기질을 섞어 독특한 러시아적 건축물을 완성하는 특징이 있다. 특히 외벽의 장식적 아름다운은 타의 추종을 불허한다. 런던의 어느 건물도 예카테리나 궁전의 외벽 색조를 능가하지 못한다. 러시아인의 심미안과 미학이 이렇듯 우미하단 말인가? 색조도 내가 가장 편안해하는 민트에서부터 로얄블루까지 색 자체만으로도 도취되어 이미 거리거리의 늘비한 건축물들에게 혼을 쏙 빼앗겼다. 어째서 우리나라 건축물에는 저런 색조를 내지 못하나 하는 생각이 머릿속에서 떠나지 않는다.

러시아라는 나라는 일이 일어나도 무지막지하게 터지는 나라이다. 피의 숙청으로 네바 강을 붉게 물들이고 망명을 아르헨티나로 보낸 것도 못 미더워 급기야 자객을 보내 책을 읽고 있던 트로츠키를 손도끼로 두상을 쪼아서 영면시키고야 두 다리를 뻗은 스탈린 아니었던가? 트로츠키 같은 엘리트 사상가, 혁명의 이론적 무장을 도맡았던 지성도 권력투쟁 앞에서는 한낱 파리 목숨보다 못한 것인가? 나는 혹시나 해서 트로츠키 동상은 없느냐니까 없다는 짤막한 답변이다. 그렇게 망각의 역사 속으로 책장이 넘어간 인물이 트로츠키라니….

거기에 비하면 오히려 체는 어쩌면 행복한 혁명가인지도 모르겠다. 불멸의 영혼의 소유자로서 인류의 정신을 지배하고 있으니, 그리고 카스트로와의 관계도 피비린내 나는 전철을 벗어나 시공을 초월하여 혁명정신을 계승하고 있다는 점만으로도 카스트로가 독재자이기는 하나 부패나 부정축재가 없다는 점 만큼은 높이 사야 할 것이다. 평생 급료가 25달러였고 혁명의 상징인 군복을 벗지 않는 점 등은 범인의 변덕으로서는 꿈도 꾸지 못할 강철 같은 신조의 상징이겠다. 체의 미망인 알레이다와 그 자녀들을 돌보아 준 일화는 우리들 마음의 염려를 덜어 준다.

내 여행 경험에 의하면 영토가 넓은 지평선의 끝이 안 보이는 나라들은 작은 나라에서 자란 우리 같은 사람의 이해를 넘어서는 비밀이 도사리고 있다. 비의라고 할까? 자기네만의 특유의 언어와 비장의 비법이 있다. 그렇지 않고는 어떻게 저렇게 고운 색상을 유지할 수 있겠는가? 안료가 우리 것과 다르다는 설명이나 그러면 왜 다른 유럽의 나라는 외벽을 러시아 사람처럼 곱게 칠하지 못하느냐 하는 의문이 남는다. 다들 시멘트면 시멘트인 대로 철근이면 철근인 대로 유리면 유리인 대로 그대로 외장을 끝내고 말지 이렇게 색의 조화를 꾀하면서까지 색색으로 도색을 하지 않는다.

가이드 설명을 귓등으로 흘리고 나는 오로지 러시아적 색채 분석에 머리가 빠지게 몰두하는데, 피터 대제의 동상이 도처마다 피터의 도시라는 것을 웅변한다. "해적 같지요"하는 가이드의 물음이 위트 있다. 해적 같든 산적 같든 외양이 그의 업적을 손상시키지는 않는다. 아무려면 어떤가? 대제는 러시아가 필요한 일, 러시아의 근대화에 걸림돌이 되는 일은 물불을 가리지 않고 과감하게 처단하였다. 대제의 질주에 날이면 날마다 치루는 전쟁에 질린 철옹성처럼 버티고 앉아 있던 정교회 수반들과 귀족, 심지어 수도원에 유폐시킨 황후마저도 반란에 연루되어 처단하고 아들마저 처단하였다. 가이드가 여자 수도원 건물을 여러 차례 알려준다. 대제가 이복인 소피아 공주의 섭정을 물리치고 패권을 장악한 후 소피아 공주는 수도원으로 유폐된다. 유폐라지만 수도원은 시내 한복판에 자리 잡고 앉아 있다. 우리 개념의 유배와는 천양지차다. 다만 권력의 핵심에 어른대지 못하게 족쇄를 채우되 일정한 공간상의 삶은 누리게 한 것 같다. 대제는 수도원으로 혈족들을 유폐는 시켜도 처형은 하지 않았던 점은 헨리 8세와 대조적이다. 황후도 수도원으로 보냈지만 헨리 8세처럼 처형은 하지 않았다. 사촌 메리 여왕을 참수한 엘리자베스 여왕도 그러고 보니 골수 영국인이다.

에르미타주 박물관을 오후에 돌기로 하자 가슴이 두근거린다. 에르미타주에 소장된 그림들의 해설을 얼마나 읽었던가? 웬디 수녀님의 명화 해설은 너무도 흥미진진하여 책이 닳도록(?) 여러 번 보았다. 나의 마음속의 에르미타주 궁전…. 실로 오랫동안 이 날을 기다려 왔다고 해도 과언이 아니다. 80년대 런던을 활보하면서 에르미타주를 방문한다는 생각은 꿈에도 하지 못했다. 이데올로기의 철의 장막도 소리 없이 역사의 뒤안길로 사라져 오늘 이렇게 한국의 일단의 여행객들이 물밀듯 들어서는 게 아닌가?

네바 강 옆 에르미타주

에르미타주에 들어가자마자 두 번째로 '라아콘의 아이들'이 서있는데 하마터면 반가워서 탄성을 지를 뻔했다. 이 조각을 얼마나 보고싶어 했던지! 김운 동기에게 부탁하여 석상 앞에서 사진을 하나 찍었다. 죽음의 고통, 자녀까지 잃는 극단의 절망과 운명의 가혹함이 그대로 처연하다. 곰브리치는 이 조각을 두고 사족을 붙이고 있는데 자기는 당시 검투사의 죽음 등 시민들이 좋아하는 조각을 한 게 아닌가 하는 의문이 든다고 쓰고 있다. 곰브리치 서양 미술사는 명저임에 틀림없으나 지나친 상상력이 거슬리는 데가 있다. 무슨 동기로 조각을 하였던 라아콘의 동상은 영웅의 죽음을 묘사한 불후의 작품임에는 틀림없다. 밀가루를 가지고 반죽을 하라고 해도 저렇게 만들어놓기란 불가능할 노릇이다.

다빈치가 그린 성모상, 제노아의 성모와 특히 릿다의 성모상 앞에 서니 성모님의 미소 앞에 나의 어두운 영혼의 동굴에 눈 녹듯 환한 등불이 켜지듯 황홀해진다. 두 개의 작은 창 너머 들판의 하늘하늘한 아지랑이와 봄날의 평화로운 하늘은 어디선가 종달새가 하늘을 차고 날듯 경건하기만 하다. 성모님의 아름다움은 외형미에 머물지 않고 불타오로는 신앙의 환희를 자아낸다. 그림이라고 느껴지지 않고 살아 계신 성모 같다. 아이를 안은 사랑과 자비가 작은 액자를 타고 봄날 아지랑이처럼 피어오른다. 천재의 영감은 명화에서 확연히 드러난다. 천재는 우리와 같은 사람이지만 그러나 우리와는 전혀 다른 특별한 신의 은총으로 재능이라는 영감을 받은 존재이다. 범인인 우리가 질투해야 턱도 없는 일인 것을. 살리에리의 고백은 그래서 우리에게 그렇게 인간적으로 공감을 불러일으키지 않았겠는가? 살리에리는 바로 우리의 고민을 대변해주지 않던가? 천재가 되고 싶으나 어림없는 우리들의 고민을!

2층 서쪽의 끝 방에 오니 기다리던 '돌아온 탕자' 그림이 걸려 있다. 성화와 미술 책자, 심지어 가톨릭대학 성전의 제단화로 보았던 그림. 이 그림이 대학 성전에 실물 크기로 걸려 있어 꾸르실료 교육기간 내내 제단화에 여러 차례 경배를 바쳤었다.

가이드가 아들의 나막신의 구멍과 떨어진 옷차림, 아버지의 양손이 다르게 그려진 이유까지 해설하여 내가 양손이 다르게 그려진 그 의미를 아는 사람은 드물다고 하니 으쓱한다. 사랑과 용서의 표양으로 왼손 오른손을 일부러 다르게 그렸다는 렘브란트 말년의 자기성찰과 회오 등이 면면히 배어있다. 화가의 고뇌와 영혼이 불멸의 작품이 되어 이렇게 서있는 내게 신앙적 체험을 고양시켜준다. 인간 군상들의 심리를 그림을 통해서 이리도 절묘하게 묘사하다니! 심술과 시기와 질투, 이웃의 냉소적 표정까지 우리 인간 군상들의 불순한 심보를 적나라하게 그대로 보여주는데 거의 실물 크기의 그림이라 그런지 큰아들의 불만스런 표정의 부은 볼이 그렇게 생생하다.

3층의 인상파, 후기 인상파, 피카소는 재빨리 지나쳤다. 마티스의 '대화'는 화가 부부 사이의 대화의 불통·부재로 인한 소외가 극명한 색조로 대비된다. 가정불화를 그림으로 그리는 마티스 처지를 상상하며 위안을 받으라는 의미인가? 마티스의 1908년 작 '식탁(붉은 색의 조화)' 가 눈을 확 끈다. 어딘가 천진한 어린아이의 그림에서 보이는 장식적인 효과 같다. 이 점은 마티스의 강점이자 약점이라고 곰브리치가 애가 달아 강조하던 해설이 떠오른다. 비평가가 아무리 떠들어도 그림은 보는 사람의 그림인 것을…. 루오의 그리스도의 머리에서는 루오 특유의 영혼을 침투해오는 전율을 느꼈다. 하루에 3점 내지 5점 정도 감상하면 충분하고도 남는다. 누만 점의 소장품을 어떻게 오후 한나절에 다 감상하겠는가? 헛되고 무지한 바람일 뿐이다.

에르미타주 회랑을 돌면서 창밖의 네바 강을 바라보며 이렇게 완벽하게 아름다운 미술관을 갖고 있는 도시에 살면 형편없는 속인일지라도 조금 고상해지고 그의 삶의 질이 윤택해지지 않겠는가 하는 생각이 들었다. 머리가 복잡하면 에르미타주에 들어와 라아콘의 아이들 앞에 서서 죽음이라는 육체적 영혼의 고통을 바라보면서 자신을 돌아보는 묵상의 시간을 보낸다면 더할나위 없겠다. 한 개인의 삶에 이런 정신의 보고가 자리 잡는다면 진정한 내적 성찰, 영혼의 성숙이 고양되지 않겠는가. 회랑을 도는 중간중간 네바 강을 내다보며 이런 도시에 살아보고 싶다는 소원의 기도를 바쳤다. 런던에서 그림과 음악과 연극을 떠난 삶을 상상할 수 없듯이 페테르부르크가 그런 문화의 보고를 이루고 있다.

저녁 식사 전에 네바 강 유람선을 전세를 내어 타고 돌았다. 암스테르담 운하를 돌던 유람선과 비슷하다. 물이 검다. 춥다고 선내에만 앉아 있다가 밖에 나오니 남자 동문들이 옹기종기 모여 떠든다. 여자가 왜 오느냐고 놀리나 나는 늘 하듯 대꾸도 하지 않는다. 하나마나한 이야기를 무어라 대꾸하나? 사진을 몇 장 찍었다. 푸시킨이 신혼 살림하던 집, 라스푸틴을 유인하여 네바 강에 빠져 죽게 한 유수포프 저택도 알려준다. 유수포프는 대단한 부호였다는 설명이 따른다. 요승 라스푸틴을 제거한 유수포프는 냉철한 현실주의자임과 동시에 열렬한 애국자임에 틀림없겠다.

남자들은 한잔 하러들 나가고 일찍 호텔에 들어오니 안락하다. 이제 나이가 무리를 하거나 기분에 들떠 절제를 놓치면 그 여파가 당장 다음날 무기력과 피로라는 회답을 즉시 보낸다. 여행 체질이라고들 놀리는데 나는 여행만 나오면 다른 사람이 된 듯 훨훨 나는 사람이다. 여행광이다. 이런 저런 굴레에 묶여 순응을 하고 있지만 내면에서는 여행의 광풍이 늘 불고 있는 사람이 나다. 15기도를 못쓰고 대신 성가로 아침 미사를 대신한다. 나도 모르게 아침마다 '내게 있는 모든 것을'을 부른다.

아침 먹고 여름궁전으로 간다고 한다. 러시아 사람은 도무지 가늠하기 어려운 것이 궁전을 은자가 사는 오두막집으로 붙여 놓지 않나, 톨스토이 같은 박애주의자 인류의 스승이 있는가하면 마피아 KGB 등 종잡을 수가 없다.가보면 여름궁전이 어떤지 알게 되겠지….

러시아 거리를 다니고 있다는 것이 꿈만 같다. 그렇게 외국을 다녔는데도 러시아는 이색적이다.

여름궁전

144개의 분수가 있는 여름궁전은 약 300만평 규모라고! 피터 대제의 닷차(러시아의 주말 별장)니 의당 그 정도 공간이 필요했겠다. 산책로에서는 러시아 문학의 주인공들이 소리 없이 거닐고 있는 듯한 환상이 뭉게뭉게 피어난다. 에브게니 오네긴의 그 청초한 주인공과 권태와 나약한 오네긴 귀족의 비극이. 김기룡 동기가 왕들은 얼마나 좋았을까 하기에 '이 양반아 어째 왕으로서 좋은 면만 보시나?' 했다.

아들을 처형하지 않을 수 없었던 대제. 고문에 견디지 못하고 알릭세이 황태자가 미리 죽었지만, 대제도 사람인지라 마지막에는 아들에게 애원하는 장면이 나온다. 아들이 거절하니까 즉 당신의 죄까지 짊어지고 죽겠다고 하니까 애비 말을 안 듣는 네가 사람이냐고 원망도 하였다고 한다. 이후부터는 국법에 따라 황태자로서의 모든 권리를 박탈하였다. 반역자로 죽어가는 아들을 둔 아버지로서의 피터 대제가 과연 부럽기만 한 존재인가? 알렉세이를 잃고 난 이후 영토 불리기에도 염증을 느끼고 예카테리나

여제에게 이양하고 그다지 장수하지도 못하고 세상을 하직하지 않았는가? 날이면 날마다 전장에서 세월을 보내느라 재위기간 동안 수도인 모스크바에 머문 날이 40여일밖에 안 됐다. 아들에게 제국을 넘겨주기는커녕 자기 손으로 아들을 죽게 두어야했으니 피터 대제의 운명이 참으로 아이러니하다.

러시아를 위해 꿈에 그리던 부동항 페테르부르크를 건설하고 수많은 민중의 희생을 치루고 이 도시가 탄생하였다는 일화는 이 도시의 그림자이다. 도대체 피터 대제라는 인물은 도무지 우리 같은 범인으로서는 가늠이 가지 않는 무한정의 스케일을 타고난 존재이다. 체구부터 사상부터 영웅적 의지 전술까지 모든 것이 범상치 않은 존재이다. 레닌이 잠시 도시 이름을 박탈했지만 다시 찾은 것은 잘한 일이다. 레닌이 한 일은? 노동자에게 장밋빛 환상만 심어 주었다가 70년의 실험 끝에 낫과 망치를 내리는 것으로 사회주의 종언을 고하지 않았던가. 노동자들 천국이라는 환상적 실험이 70년 만에 도로 귀환했으니….

이삭성당에 들어가니 러시아정교회 성호를 긋는 사람들이 눈에 띈다. 정교회 성호가 정반대라는 것을 루가 신부가 알려 주었다. 예과 1년 때였으니 오랜 옛날이다. 카잔성당은 외관만 보았다.

벼르던 모자를 사니 시베리아 바람도 겁나지 않는다. 모자 없이는 살 수 없는 나라이다. 우리 일행은 추워 덜덜 떨면서도 러시아 모자를 뒤집어쓰지 못한다. 한국인의 관습이 금방 바뀌지 않는다. 실제로 외국인들은 남의 하는 일에 전혀 상관하지 않는데도 우리는 남의 시선 남의 평가가 두려

144개의 분수가 있는 300만 평 규모의 여름궁전. 피터대제의 통에 다시 한 번 놀랐다.

워 러시아 찬바람을 맞으면서도 떨쳐내지 못한다. 검정색 모자가 근위병 모자처럼 부풀게 크지만 그러나 그렇게 품이 크니까 공기를 품어서 불이 날 정도로 따뜻하다. 모자를 벗으면 금방 한기가 온다. 모자를 산 것은 정말 잘한 일이다. 여행을 하다보면 선물 사는 재미에 빠져 난리이나 나는 꼭 필요한 것, 그 나라 아니면 구하기 어려운 특산품이나 토산품 아니면 거의 사지 않는다. 이제 자질구레한 물건 사는 것도 진력이 난다. 본래 물건 사는 취미도 없거니와 흥정하고 돈 내고 하는 모든 과정이 질색이다. 누구 시켜서 사오는 버릇이 배어 있다. 무거운 가방 생각하면 살 생각이 달아난다. 힘에 부치는 짐을 끌고 다니는 형색은 보는 사람도 피곤하다.

나에게는 장식적 취미가 전무하다. 어지간히 드라이한 사람이다. 비 낭만적이다. 이번 여행은 기내에서부터 커피를 마시지 않고 물을 충분히 마셨더니 훨씬 편안하다. 커피를 마셔 어떤 자극이 있고 그런 것은 아닌데 물이 훨씬 맛있다. 일체의 음료를 물로 대체했다가 파크인에서 아침에 마신 커피는 정말로 일품이었다. 깔끔하고 얼음의 결정 같은 청정한 맛이다. 아무 불순물 없는 커피 자체의 맛이다. 맛이라는 것은 이렇게 절제를 한 이후에 한 잔을 마시면 더욱 감칠맛 나나 보다. 돌아와서도 그 커피 맛과 향이 미각세포 깊숙이 스며들어 숨어 있다.

도스토옙스키와 투르게네프의 갈등

피터 대제가 죽어라 아들을 포기하면서 세워 놓은 도시에서 한 세기 후 도스토옙스키가 신산한 삶을 헤쳐 가며 거대한 문학의 정상을 정복해갔다는 것이 어디 우연이겠는가. 한 개인은 체가 말하듯 환경 즉 시대의 산물인 것이다. 머리가 어지럽도록 비호같이 도는 관광을 하면서 한편으로는 도스토옙스키가 살아 숨 쉬고 고뇌하고 병마에 시달리며 죄와 벌을 창작해내는 일련의 과정이 뇌리를 맴돈다. 생각대로라면 생가나 그가 묻힌 넵스키 사원에 가서 작은 꽃 한 송이라도 헌화해야 되지 않나 하는 열렬한 숭배가 일어난다.

한 인간의 삶이 전 인류에게 미치는 영향을 생각해볼 때 도스토옙스키의 위대성을 새삼 거론하는 것이 무색한 노릇이다. 나는 어린 시절의 겉멋 많은 취향답게 투르게네프를 좋아했다. 세상 속에 살면서도 세상 속에 살았다고 보기 어려운 너무도 고답적인 생애가 신기했기 때문이다. 사랑에 그것도 짝사랑에 38년을 헌신하는 남자가 보통 남자이겠는가? 러시아인이지만 러시아를 떠나 산 사람이므로 그래서 도스토옙스키와 그리 불화를 하게 된 게 아닌가? 너무도 다른 환경과 성격으로 갈등과 파국을 맞은 일화는 러시아 문학사의 유명한 가십 아닌가?

도스토옙스키의 유럽 여행 인상기를 보면 투르게네프와의 불화의 내막이 소상하게 나온다. 격한 장면도 나온다. 그런 위대한 작가에게도 치기 어린 심술과 질시와 교만 등의 약점이 있다는 것이 자못 흥미롭다. 나이가 들고 보니 온갖 고초 속에서 문학에 정진한 도스토옙스키의 정신의 위대성이 가슴을 친다. 때로 신랄하고 독설에 가까운 대목도 있지만 그러나 그의 물질문명의 경도로 인한 정신적 위기를 경고한 대목은 민중의 삶에 대한 뜨거운 관심으로 결국 앞으로 일어날 대파란 러시아 혁명의 예고를 했다고 보인다. 물론 러시아 혁명에 사상적 기여를 한 사람으로 푸시킨을 앞에 세워 놓아야겠지만 투르게네프의 사냥꾼의 수기가 당시 황태자였던 알렉산더 대제를 농노 해방 결심을 하게 한 것은 천만다행이다. 러시아의 자유를 위하여….

수즈달을 가기 위해 페테르부르크를 숨이 멎도록 떠나야했던 장면은 돌아와 보니 미련이 남는다. 페테르부르크를 잠깐 스치고 돌아온 것이 아쉽기 짝이 없다. 내가 사랑하는 유럽의 친구들을 항상 짧게 조우할 때의 그 비애와 유사하다.

라스코리니코프가 방황한 넵스키 광장

페테르부르크의 모든 길은 이 넵스키 대로를 통한다고 하는데 이 광장 한켠이 라스코리니코프가 고민하고 회의하고 방황하던 장소라고 가이드가 지나가며 설명한다. 도스토옙스키의 집념과 그 심연 속을 더듬는 무궁한 천착은 지병인 간질 성격상의 특질도 반영된다고 하겠다. 그의 〈유럽 인상기〉는 오히려 그의 드라마틱한 한 시기를 이해하는데 첩경이 된다.

1860년대, 1870년대 유럽을 여행하면서 느낀 문물의 비판과 동시대 러시아인에 대한 비판은 21세기 우리들이 동시대인에게 갖는 비판과 같은 내용을 띠고 있다. 태양 아래 새것은 없다고 보아야 하나, 아니면 인간 위선의 진폭이 거기서 거기로 맴돈다고 보아야 하나. 21세기를 치닫는 지금 도스토옙스키가 유럽을 여행하면서 비판한 내용을 지금 이 시점의 한국인에 적용한다고 해서 조금도 다르지 않겠다. 도스토옙스키가 투르게네프를 비난하는 독일인에게 깜박 죽고 동족인 러시아인을 무시한다는 노도와 같은 분노 배신감은 p.382를 인용한다.

"이곳(바덴바덴)에서 볼 수 있는 인간들이 어떤 악당들이고 사기꾼인지 알고 있습니까? … 당신은 문명에 대해 말하지요. 하지만 도대체 그 문명이 그들에게 무엇을 가져다주었단 말인가요? 그들이 도대체 무엇 때문에 우리 앞에서 그렇게 잘난 체 하는 겁니까?"

그(투르게네프)는 창백해져서 (말 그대로 과장이 아닙니다. 추호도!) 내게 이렇게 말했죠.

"당신이 그렇게 말한다면 나를 개인적으로 모욕하는 것이 됩니다. 나는 이곳에 아주 정착했고, 나 자신을 러시아인이 아닌 독일인으로 여기고 있습니다. 아시겠어요? 나는 자랑스럽습니다!" 라고.

도스토옙스키 염장을 질러주는 투르게네프도 어지간히 빈말이라는 것을 할 줄 모르는 양반이었나 보다. 두 작가는 이후 7주 동안 바덴바덴에서 단 한 번 역에서 만났지만 '그도 나(도스토옙스키)도 인사하고 싶은 마음이 전혀 없었습니다'로 끝난다. 두 번 다시 투르게네프 집 문지방을 넘지 않겠다고 다짐한 대로였다.

어때, 아기자기하지 않은가? 그들의 작품보다도 이 분쟁이 깨가 쏟아지도록 재미있지 않은가? 투르게네프로서는 연기의 실패로 무척이나 상심을 하던 시기였다는 것을 덧붙인다. 천재를 조국에서 받들어주지 않았던 것이 투르게네프의 자존심을 건드려 독일인 앞에서는 벌벌 기고 러시아인에게 증오를 보인다는 독설까지 듣게 된다.

물질문명이 첨단을 달리지만 인간들의 도덕과 영혼, 문화에의 갈증은 크게 다르지 않다는 사실에 도스토옙스키가 옆에 함께 거리를 거니는 우리와 똑같은 사람이라는 친밀감이 든다. 그의 작품은 거의 페테르부르크

푸시킨 부부 동상 앞에서, 아라바트 거리

에서 잉태되었다고 해도 과언이 아니다.

투르게네프와의 불화는 역사적인 사건으로서 두고두고 인류의 가십에 오르고 있다는 것은 익히 알고 있으나 겨울에 쓴 〈유럽 인상기〉에는 적나라하게 투르게네프에 대한 불만을 토로하는데 위인들도 사람인지라 이런 치기를 보인다는 것이 자못 흥미롭다. 1865년 비스바덴에서 도박 판돈 50탈러를 투르게네프에게서 빌린 후 갚지 못하고 있던 도스토옙스키로서 투르게네프 일거수일투족이 귀족적 오만과 겉멋으로 왜곡되는 심기도 느끼며, 러시아를 떠나 유럽에서 살고 있는 투르게네프에게서 조국의 실정을 모르는 무지와 방관자의 냉소를 당연히 느꼈겠다. 오죽하면 야유로 들릴 파리에 망원경을 주문하라고 했을까? 러시아를 자세히 관찰하라고, 그렇지 않으면 살펴보기 힘들 거라고.

도스토옙스키는 투르게네프를 두고 그의 인간성을 좋아하지 않는다고 공공연히 피력하고 잘난 체 하는 귀족적인 포옹도 싫다고 트집이다. 두 작가는 한 나라 사람이면서도 신분이 다른 것만큼이나 개성이 다르다. 그러나 불멸의 명성을 얻었다는 공통점에서는 쌍둥이라 하겠다. 오월동주의 쌍둥이. 도스토옙스키의 사상과 사회 구조적 모순에 대한 통찰은 어쩌면 러시아 사회주의의 태동을 알리는 수탁소리라고 할 수 있지 않을까? 나는 젊은 시절 오랫동안 투르게네프에 빠져 있었다. 나의 젊은 날은 허무주의 늪이 오래 지속되었다.

그러나 최근 특히 이번 여행에서 도스토옙스키의 삶이 훨씬 가깝게 느껴진다. 전처의 자녀까지 돌보아야 하는 많은 식솔을 거느리다보니 도박에까지 생각이 미쳤던 것이리라. 도스토옙스키의 입장에서 투르게네프가 얼마나 부러웠을까? 누가 행복하고 불행하고를 따지는 것도 부질없는 할 일 없는 짓이다. 두 작가의 글이 이렇게 면면히 지구상의 지식인들 뼛속 깊이 침투해 들었다는 현상이 위대하지 않은가.

투르게네프의 생가는 갈 꿈도 꾸지 못하고 페테르부르크 하늘 아래 관광을 다니니 더욱 상상이 가열된다.

이 겨울을 수즈달에서 난다면

수즈달은 몇 년 전부터 마음속에 품었다. 수즈달에 내려오는데 차가 밀려 이루 말할 수 없는 고생을 했다. 여행이 아니라 고행이다. 그래도 목적지를 그예 찾아가는 여행의지야말로 우리 삶의 기본의지와 상통하는 게 아닌가? 두어 시간이나 눈을 붙였을까 말까한데도 새벽같이 일어나 산책을 나갔다. 집도 몇 채 없는 중세의 마을이다. 세상이 정지되고 시간도 멈추고 아니 거꾸로 거꾸로 가는 도시가 수즈달이다. 1013년경 건축양식과 당시 가옥을 구경했다. 어느 나라를 가든 옛날 주거양식은 비슷한 공통점을 발견한다. 신기하다. 지역은 달라도 사람 사는 지혜는 한결같다. 천장이 낮고 기후에 맞게 창의 크기가 다르고 등등. 셰익스피어 생가가 얼핏 떠오른다.

수즈달의 성당은 유현하다. 정교회 사제들이 건축헌금을 위해 관광객에게 미사곡을 부른다. 정교회 성가가 독보적이고 정통이라는 것은 짐작은 했지만 실제 와서 들으니 무류의 감동이다. 아쉽게도 한 곡만 부르고 더는 안 부른다. 우리나라에 초청하면 얼마나 좋을까? 종 치는 사람을 국민가

오래 전부터 마음속에 품었던 수즈달

수즈달 사원의 종소리에 모두 넋이 빠져 바라보고 있다.

수 아니 배우로 존중한다고 한다. 종을 치는 게 아니라 연주를 한다. 세상에 이렇게 전통과 역사를 이어가는 장소가 있다니! 새것 빠른 것에 온통 뒤범벅이 되어 난리를 부리는 IT 시대에 이렇게 느림의 미학으로 신앙을 전수해가다니! 초인적 불굴의 전통이다. 통나무집 건축이 수즈달에서 유래된 듯 구조와 양식이 현대와 다르지 않다. 그렇다면 발전, 발전 하는데 무엇이 발전했다는 것인가? 기술이 발전했다는 것이지 인간 지혜가 더 나아지지는 않았다. 전기도 없고 이런 데서 겨울을 살아보면 정말이지 러시아라는 나라의 진수를 맛보겠다.

모스크바로 올라오는 길에 블라디미르를 들렀다. 성당 뒤로 수해樹海가 꼭 바다인 줄 알았다. 나무의 바다를 러시아에서 목격한다. 스웨덴의 바드스테나가 겹치면서 죽기 전에 한 번 더 가보고 싶다. 세상에 존재하는 천국이 있다면 비르짓다 성인이 탄생한 바드스테나라고 나는 믿는다. 발틱이 석양을 받아 은파로 반사되고 유현한 사원 지붕위로 노란 은행잎이 수북이 쌓여 있는데 빨간 아쿠아스쿠툼 트렌치코트의 젊은 의사의 사진이 있다. 내 영혼 속의 중세도시에 수즈달이 하나 더 늘어났다.

드디어 모스코바에

수즈달에서 긴긴 겨울 전기도 안 들어온다는 이 중세에서 살아본다면 하는 상상을 하다 보니 드디어 모스크바에 당도했다.

가이드가 저녁 먹고 시간이 남는다고 National Dance를 보았으면 하여 예정에 없이 저녁 먹고 극장에 갔다. 러시아식 쇼 비즈니스이다. 음향이 굉음을 내고 무대도 자동으로 처리되지 않으니 당연히 조명도 어설프다. 남자 가수의 성량이 풍부하나 고음이 계속되니 단조로워 그러잖아도 수즈달에서 올라오느라 피로했던 노독으로 1부는 그대로 졸았다. 나는 처음부터 끝까지 잤다. 쇼를 워낙 좋아하는 부부 빼고는 다들 졸았다고 실토를 한다. 쇼는 지루하다. 이스탄불에서도 나는 밸리댄스를 보지 않고 일찍 잤었다. 이튿날 아니나 다를까 김기룡 동기가 투덜댄다. 티켓이 아깝다고. 발레를 봤더라면 하는 아쉬움이 남는다. 모스크바에서 밤을 보낸다 생각하니 세계사의 변천 그 소용돌이 속을 맛보는 듯 묘한 흥분이 온다. 그 철옹성 같던 크렘린 궁이 열리고 이렇게 코리안스카들이 활보하다니! 스탈린이 지하에서 땅을 치겠지만 역사의 수레바퀴를 영웅적 사회주의자라도 되돌릴 수 없다.

붉은 광장은 실제로 아름다운 광장이라는 뜻이며 모스크바의 심장부이다. 바실리 성당도 인근 반경 안에 위치해 있다. 성모승천 사원에서는 운좋게 아카펠라 혼성중창을 들었다. 수즈달의 고색창연한 연주에는 못 미친다. 공연히 귀만 예리해서 탈이다. 무명용사의 묘에는 횃불이 타고 있고 여기저기 헌화들이 널려 있다.

레닌이 누워 있는 데는 쳐다도 보지 않는다. 무소불위의 권력자였던 레닌의 인기가 바닥이다. 사회주의의 종언 그 총화가 레닌의 묘에 나타난다. 혁명을 모의하며 하파란다(스웨덴과 핀란드 국경도시)를 넘나들며 파란만장한 모험과 혈투를 벌인 레닌의 생애가 이렇게 인류의 망각 속으로 흘러가고 있다. 1993년 10월 하파란다에서 스웨덴 행 버스를 기다리며 레닌이 비밀리에 이 도시를 드나들었던 상상을 하고 시대문학에 기행문을 발표했었다.

꿈에 그리던 바실리 성당은 그러나 내부는 그다지 신비하지 않다며 안내를 생략하고 사진만 찍고 바삐 굼 백화점으로 안내한다. 진력이 나도록 보아온 유럽 스타일의 쇼핑몰이 모스크바에 그대로 침투해 있다. 건축물은 백화점으로 쓰기에는 아깝다. 물건을 보지는 않고 내부 장식과 설계를 찬찬히 뜯어보았다. 약속된 시간에 김운 동기가 나타나지 않아 애를 태웠으나 20분쯤 지나자 나타난다. 다른 재미난 장면을 보다가 약속시간을 잊은 것이다. 이해가 간다. 레닌언덕과 모스크바 대학에서 내렸다. 런던에서 만났던 모스크바 대학의 심리학자였던 레나가 생각난다. 모스크바 오면 꼭 만나자고 신신당부한 기억이 있다.

푸시킨이 신혼 3개월을 살았다는 아르바트 거리 초입에는 집 맞은편에 부부의 동상이 서있다. 거리에는 화가들이 그림을 팔고 있다. 간딘스키 후예들의 화려한 색채가 눈에 띈다. 빅토르 최가 살았던 집 앞에는 그의 열렬한 숭배자들인 젊은 청년들이 모여서 공연을 한다. 우리들을 보더니 한국 사람임을 즉시 알아보고 함께 노래하자고 권유하나 기운이 부치고 시간도 급해 지나쳤다. 그 유명한 지하철을 탔다. 속도가 무섭게 빠르다. 영자가 내손을 어떻게 세게 잡는지! 나도 겁났다. 러시아인들은 무지막지하다고 해야 되나, 인정사정없다. 우아와는 거리가 멀다고 해야 맞는데 지하철을 미술관처럼 꾸며 놓은 것은 또 무슨 취미인가? 참 알 수 없는 민족이다. 나의 머리로는 러시아인들 감을 못 잡겠다.

공항으로 이동하여 다행히 시간이 촉박하지 않게 도착하였다. 가이드와 헤어지는 시간이면 왜 그렇게 안쓰러운지 모르겠다. 남은 라면이며 온갖 식품들을 다 주고 돌아온다. 동족이라는 것이 이렇게 끈끈한가. 나는 더욱 더 혼자 남아 있을 사람의 심경이 뼈저리게 이해간다. "어떤 때는 울어요' 한다. 나이가 사십이든 오십이든 사람이 느끼는 외로움과 슬픔은 순수하다. 어르신들이 너그럽게 잘 대해주어 감사했다고 인사한다. 가족이 서울에 있으니 더욱 빨리 공부를 마치고 돌아오라고 성공을 빌어주었다.

한국일보 김성우 기자가 러시아문학 기행을 연재한 후 '백화나무 숲으로' I, II부로 발행했던 책 덕분에 이번 러시아 여행은 작가들의 고향이며 작품에 얽힌 사연들을 미리 알고 있어 생소한 기분이 들지 않고 마치 한번

와 본 것 같은 기분이 들었다. 특히 푸시킨이 비스듬하게 앉아있는 동상은 사진으로 여러 번 봐서 '아! 이 자세구나!' 하고 반가움이 앞섰다. 러시아라는 거대한 북극곰의 언저리를 돌다가 돌아온 기분이지만 그래도 곰이 살

바실리 성당

고 있는 동토를 밟아본 것으로 위안을 삼아야겠다. 찬란한 바실리성당의 동화 같고 무지개 같은 신비와 크기가 다르면서도 조화를 이루는 아름다운 외관은 잊히지 않는다. 지바고가 라라의 환영을 쫓다가 뜨란바이(전차)에서 내리다 심장마비로 죽는 모스크바 거리를 걸어봤으니 더 바랄게 무엇인가? 이제 내 나이도 죽음을 향해 서둘러 달려가고 있는데….

올해 하반기를 안식년으로 보내면서 나는 지금 행복하다. 나를 돌아다보는 시간을 찾았다는 것과 그 정신없이 뛰었던 시간들의 의미를 천착한다. 앞으로 나의 미래를 하느님이 어떻게 디자인하실지 아무도 모르나 나는 언제나 기꺼이 순명하리라. 루리아의 나라이기도 한 러시아. 루리아의 기억술의 천재를 연구한 책을 런던 인스티튜 도서관에서 빌려 먼지가 뽀얀 책을 털며 읽었던, 아! 열렬했던 젊은 날의 탐구열이며, 옥스퍼드 학자이나 러시아의 루리아를 존경하고 그의 과학적 접근방식과 학자로서의 위대성을 아낌없이 숭배하던 리쉬만 교수도 겹쳐온다. 과학의 세계는 이렇게 경계가 없이 무한대의 사유와 자유와 창작의 불꽃이라는 축복을 내려준다.

에르미타주에서 본 마티스의 '식탁(붉은색의 조화)' 1908년작을 돌아와서 곰브리치의 서양 미술사에서 다시 대조해보는 재발견의 기쁨을 어디에 비하랴? 수즈달의 정교회 수사들이 불러준 미사곡이 메아리치는 러시아 여로는 그 찬양 속에서 현현되는 은총의 잔치였던 것을!

지금 이 자리에

5

무지개의 대륙 아프리카

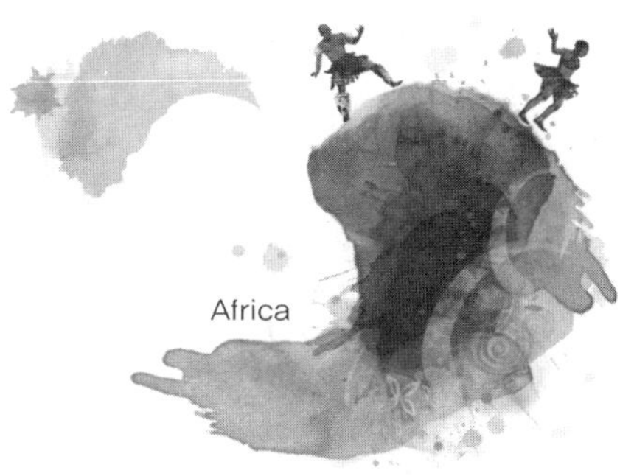

제국주의 흔적을 안고 있는 가나

가나에서 27회 국제여자의사회가 개최되어 열 일 제치고 드디어 아프리카 대륙에 입성했다. 어쩌다 아프리카에 첫발이 이렇게 늦었나 되돌아보며 앞으로 펼쳐질 아프리카의 풍광이 눈앞에 어른거려 장시간의 비행도 거뜬하니 잠도 오지 않는다. 옆에서들 여행체질이라나 타고났다고 놀려댄다. 비행기가 반도의 영공을 벗어나는 순간부터 완전히 다른 사람이 숨어 있다 튀어나온 듯 보헤미안의 기질이 유감없이 발휘된다. '너무 즐거워 죄송하다'는 퇴임인사를 한 장관처럼 유쾌하고 행복해 머리가 좀 어떻게 된 사람처럼 박장대소 환호작약한다. 더욱이 많지도 적지도 않은 15명 여자 의사 동료들과의 단체여행이야말로 축복받은 여로이다.

장장 헤아리기도 어렵게 드디어 아크라 공항에 도착하여 입국 심사를 받는 순간 나는 가나란 나라의 첫인상에 솔직히 아연했다. 허술한 시설 하며 형광등 줄이 그대로 노출되어 있고 비품들이 여기저기 정돈되어 있지 않아 걷어붙이고 소제하고 가지런히 정리를 해주고 싶다. 그래도 명색이 아크라 국제공항 아닌가? 심란한데 고래고래 정신이 온전치 못한 남자가 괴성을 지르고 공안이 무엇하는지 국제공항의 풍속도가 말씀이 아니다. 얼핏 1991년도 기절초풍했던 리마 공항이 연상된다. 그때는 벌써 옛날이라고나 하지. 21세기 초입인데 이런가 하는 생각이 든다.

입국심사를 거치고 또 장시간 세워 놓고 비자 인터뷰를 위해 정처 없이 기다리게 한다. 가나 학회와의 제휴로 왔는데도 그렇게도 어려워 가나를 찾아 들어온, 장시간 비행에 기진맥진한 의사들을 다리가 붓도록 세워 놓는다. 컴퓨터 시스템이 아직 초기 단계인 것이다. 손으로 일일이 기록하는 등 IT 왕국의 성질 급하기로 지구촌에서 두 번째 가라면 서러운 한국인으로서 속에서 불이 난다. 뒤에 알고 보니 김봉옥 국제 이사가 다만 얼마 커미션을 주어 그래도 비자를 받고 로얄 라팜 호텔에 짐을 풀었다.

라팜 호텔은 제국주의시대 잔재가 여기저기 남아 있는 흔적이 보인다. 기니아만 파도가 라팜 호텔 주변을 넘실대는데 저 철벽과 같은 담장은 무슨 괴물인가? 철망 사이로 기념품을 사라고 조르는 아이들을 외면하기도 쉽지 않다. 어째서 철조망이 이렇게 높고 두껍게 마치 DMZ처럼 가로막혀 있어야 되나? 호텔이 이렇게 치외법권처럼 민중과 유리되어 존립하고 있다. 과거 대영제국 지배 식민지의 유물이 아니라면 가나 정부로서는 대 종족 통합이 이리 힘들고 더디다는 반증이겠다. 너희 나라 걱정이나 하라고 할 가나 사람이 있다면 나는 우리 나라를 걱정하니까 더욱 너희 나라의 문제가 안쓰러워 거론한다고 일갈하겠다.

각설하고 해변가 바에 앉아 샨디 한 잔을 시켜 놓고 오후 내내 파도와

가나학회를 마치고 참석한 한국 동료들끼리 기념촬영을 했다.

수평선과 뺨을 때리는 바닷바람을 맞고 있으려니 무릉도원이 따로 없다는 찬탄이 절로 나온다. 옆 테이블의 일단의 청년들은 영국인 특유의 악센트로 직장 진로 문제로 열을 올리고 있다. 휴 그랜트의 후배로 보임직한 청년들이다. 저들은 잃어버린 과거의 영화와 현실의 괴리를 어떻게 받아들일까? 남 걱정까지 땅이 꺼지게 하고 어지간히 할 일이 없다는 것 그것이 휴가의 특권 아닌가? 온갖 세상일을, 국제역학을, 옛날에 함께 일하고 싸우고 사랑했던 외국인 동료들을, 까맣게 잊어 버렸던 그들과의 교유를 꺼내서 과연 지금은 얼마나 연로했을까 하는 회억에 잠긴다.

일에서 해방되자 갑자기 딴 사람이 된 듯하다. 오만한 시간의 귀족이 된 듯 여유작작하고 호화롭기 그지없이 극도의 게으름의 사치를 마음껏 부리고 있다. 칼 날 위에서 춤추는 듯한 일상을 탈출하니 이렇게 다른 세상을 사는 듯 몽환적인 기분까지 든다. 지지고 볶던 일들이 손톱만큼도 떠오르지 않는다. 도대체 내가 한국 사람이었나 하는 생각이 아득하도록 나는 다른 사람들과 다른 문화에 빨려 들어간다. 오죽하면 늘 입고 다니던 우리 옷이 거추장스러워 그 나라 옷을 입고 다닐까. 그곳에서는 칼라가 있고 단추를 끼고 하는 복장들이 그렇게 답답하고 숨이 막힐 수가 없다. 나는 가나 식 옷, 완전 보자기 내지 자루 스타일이지만 색채와 자수와 기하학적으로 천을 접어 화려한 모자를 만들어대는 아프리카인들의 미적 감각에 혀를 찼다. 모로칸 블루에 반해서 옷을 한 벌 사서 나이제리아 여자 동료에게 모자를 만들어 씌워 달라고 부탁했다. 한참을 끙끙대더니 멋진 모자가 만들어져 나는 가나옷을 입고 갈라 파티에서 끝까지 춤추고 놀았다. 나이

아프리카 동료가 만들어 준 모자를 쓰고.

시내를 거닐다 만난 가나 소녀의 집 앞에서.

제리아 원로 의사인 그레이스는 더 추자니까 힘들다고 사양한다. 자애롭기가 마더 테레사 저리가라이다.

가나가 실업률이 높다는 것은 이렇게 방갈로마다 가드가 서있는 것을 봐도 알 수 있다. 완전히 특등 대접을 받는다. 안전을 위해 동마다 보초를 세워 놓아야 될 만큼 공안이 확보 되어 있지 않다는 것인지 아니면 최고급 호텔의 명성을 유지하기 위해 이렇게 숱한 가나인을 세워 놓는 것인지 여하간 나는 사회문제·정치문제를 벗어나 한 발짝 뒤집어보면 가나 사회가 어딘가 자유롭지 못하다는 것을 가는 곳마다 느낀다. 아니면 내가 그냥 웃고 즐기고 하는 것 이상으로 나라마다의 문화와 기질과 속성에 대해 남달리 강한 호기심과 사랑을 품고 있어 비판을 하는지도 모른다. 어찌 그리 순박한지 표정들도 소피스티게이트한 구석이라고는 눈을 씻고 봐도 없다.

나는 가드들과 바의 웨이트리스와 금방 백년지기처럼 정답게 담소를 하는데 한국으로 초청해달라고 간절하게 애원하던 에디를 보며 남의 일 같지 않게 마음이 쓰인다. 한 국가의 운명이 곧바로 개인의 운명이라는 간단한 진리를 피부로 느낀다. 우리가 어느 사이 경제적으로 부강해져 이렇게 남들이 부러워하는 입장이 된 것이다. 가나의 엘리트라는 것을 이들과 대화를 해보면 바로 느낀다. 아침부터 역사소설을 읽고 있는 점잖은 가드를 보고 가나 역사가 유구하다는 감이 온다.

아프리카는 왜 인류문명사에서 이렇게 홀대를 당하고 심지어 노예라는 반인륜적인 처우를 받고 그리고 그 찬란한 문화와 문명이 보존되지 못하고 백인 열강의 먹이가 되었던지! 역사가 통탄스럽다. 우리가 36년 일본

지배를 받은 것은 치욕의 역사이나 다행히 해방이 되고 독재의 서슬을 벗어나 도약하여 최소한 호구지책을 면하고 경제 강국으로 세계사의 주역 일레븐에 올라와 있을 정도로 뛰어왔다는 것은 참으로 기적이라 할 만하다.

가나여! 부디 승승장구하여 그대의 찬란한 왕국의 영화를 되찾아 다오. 더 이상 백인의 야욕의 희생물이 되어서는 체면이 서지 않는다. 검은 피부가 어떻다는 거냐? 나는 아프리카 예술의 진수를 안 다음부터는 명화 해설도 각도를 달리하여 감상해야 된다는 생각을 한다. 그 리듬, 그 색채. 아무도 아프리카의 생명력을 능가하지 못한다. 기교는 곧바로 한계에 부딪친다. 아프리카 미술을 접한 다음부터는 유럽의 명화들도 그 마력이 덜하다. 생명 그 자체인 삶과 예술은 보는 것만으로도 심장이 뛴다.

아프리카에 반해 문명세계를 등지던 지식인들의 행렬이 지금도 멈추지 않는 것은 지당한 현상이다. 반드시 제국주의의 유행이나 풍물로 끝나지 않는다는 것을 아프리카를 돌며 수긍하게 된다. 다 버리고 아프리카 정글에서 진료하다 조용히 코끼리 밥이 되는 최후를 그려본다. 오로지 약초처럼 살다가 바람 앞에럼 풀잎처럼 누웠을 때 그 땅이 아프리카라면 하는 공상을 수도 없이 한다. 입버릇처럼 아프리카에 가겠다고 했던 의학생 시절의 꿈이 튀어나와 나를 내려다보고 있다. 약속을 아니 지키고 무엇하고 있는 거야? 나는 아프리카에 빠져서 요즘은 늘 기니만의 파도소리가 귓가에 쟁쟁 울린다.

엘미나 성

국제 여자 의사회는 1주일 동안 전 세계 동료들 간의 학술 교류는 물론 친목과 화합의 장이다. 세미나 주제도 현실적이면서도 미래의 여성문제의 비전과 정책적 기조를 상정한다. 여성 리더십의 과제와 각 나라마다 문화적 편견으로 인한 여성 처우를 분석함으로써 보다 개방적인 정책 수립에 기여한다.

아프리카 여성의 할례 보고나 토론은 참으로 중요한 이슈였다. 여성 문제를 떠나 인류가 아직도 개인의 삶이 관습에 의해 결정되어진다는 자체는 한 여성의 불행일 뿐 아니라 인류의 불행이다. 학문적 성과가 부족하다는 지적이 있으나 연구와 진료는 물리게 하니 여기 와서는 쉬라고 하는 전통이다. 일하려고 사는 것은 아니다라는 모토가 명백하다.

언제 끝나나 싶던 학회도 끝나 우리는 드디어 가나 여행에 나섰다. 볼타강 개발 등 휴양지를 택하지 않고 엘미나 성을 방문하기로 했다. 엘미나 성을 가느라 5시간 반을 쉬지 않고 달렸다. 뉴올리안스의 노예시장을 돌아봤던 1991년 5월 144회 미국 정신과 학회가 어제같이 떠오른다. 샹송과

상층은 유럽인을 위한 객실로 쓰이고
지하는 노예들의 감옥으로 쓰였다.

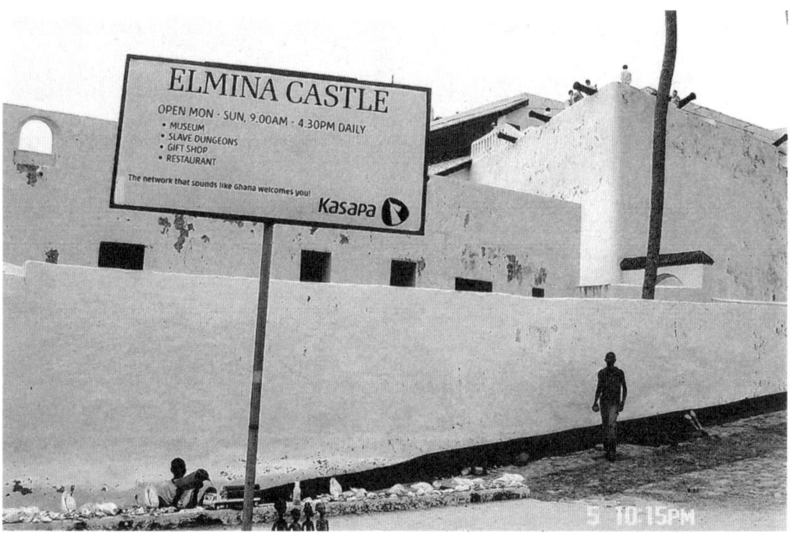

엘미나 성은 노예무역의 거점 항이었다는 참혹한 역사를 가지고 있다.

흑인영가가 알맞게 배합된 뉴올리안스의 재즈음악과 플라자 호텔에서 먹었던 최고로 맛있던 바닷가제 요리. 5월의 눈부신 미시시피 풍광과 아름다운 전망이 아직도 뇌리에 어른거린다.

엘미나 성에 도착하여 주문한 도시락을 먼저 먹었다. 우리 음식을 일부러 배달한 것이다. 대개 해외에서 한식당의 음식 맛에 만족하기가 쉽지 않은데 이 아주머니의 음식솜씨는 일품이다. 나는 조미료나 설탕이 음식에 들어가면 질색이다. 음식은 음식 자체 맛으로 먹어야지 양념 맛으로 먹으면 그 음식의 고유의 맛을 즐기기 어렵다. 김치볶음이 어찌나 칼칼하던지 우리는 저녁도 그 집으로 다시 가기로 만장일치로 합의를 보았다. 가이드가 엘미나 성을 보고 나서는 밥이 넘어가지 않으니 미리 먹어야 된다고 한다.

기니만 연안의 인구 1만 1천의 이제는 한적한 어촌에 불과한 이 엘미나 성이 노예무역의 거점 항으로서 아프리카에서 가장 오래된 건축물이란 역사를 자랑하고 있으나 그 내용이 참혹·잔인하여 건축물로서의 성과는 언급되지 않는다. 1482년 최초로 포르투갈 사람에 의해 지어진 골드코스트의 중심지였으며 1637년 네덜란드인이 장악했다가 이후 영국인이 등장했던 열강의 각축전이 여기서도 그대로 드러나 있다. 올해가 노예무역이 종식된 지 200년 되는 해라 더욱 많은 관광객이 몰려온다고 한다.

상층은 유럽인을 위한 객실로 쓰이고 지하는 노예들의 감옥으로 쓰였다. 총독이 거처하던 꼭대기에는 흑인 여자를 잡아다 분장을 시킨 후 수청을 들게 한 침실까지 보존되어 있다. 임신을 하면 다른 거처에 살게 하고 아이는 유럽으로 데려가 유럽식 교육을 시켜 실제로 많은 수가 유럽에 혼혈되었다는 역사를 듣는다. 흑인 여인들의 고초와 무력감, 분노가 지하 감옥에서 펄펄 뒤끓는 것 같다. 동의 없는 성관계란 그대로 강간이 아닌가?

아직도 할례가 남아 있는 아프리카 부족들의 관습은 참으로 가슴 아픈 일이다. 아프리카 여자 의사회에서만 발버둥칠 일이 아니라서 이번 의제에 올려 전 세계 동료들이 관심을 갖고 새로운 변화를 일으켜야 한다. '돌아오지 못하는 문'(Door Of No Return)을 통해 얼마나 많은 노예들이 팔려 나갔는지! 한 방에 200명까지 수용했으나 화장실도 없고 욕실은 더군다나 없었다고 한다. 정말이지 짐승의 우리로 지었다는 생각이다. 그들 입장에서는 짐승에게 이렇게 고급주택을 지어 주었다 자위했을지도 모른다는 비틀린 상상까지 일어난다. 위선의 한계란 게 없다고 해야 되나…. 문명의 탈을 쓴 선진 사회의 오점들. 사람으로 생각했다면 어찌 배설을 위한 시설 자체를 하지 않을 수 있었겠는가?

엘미나 성을 해설하는 신사는 정통적인 영국식 발음이다. 미국식 영어에 능통한 우리나라 사람들이 불평을 한다. 내가 지금보다 조금 천천히 말해주면 아무런 불편이 없겠다 일러주니 속도를 줄인다. 성을 둘러보고 내려오는 길에 계단이 가파르다며 얼른 손을 잡아 준다. 친절이 몸에 밴 신사이다.

눈빛과 표정이 그렇게 보아서 그런지 옆에서들 너무 슬퍼 보인다고 한다. 하긴 뭐 그리 신나서 깔깔대며 안내를 하겠는가? 조상의 원혼들이 엘미나 성을 뒤엎을 정도로 아우성일 텐데…. 사람이 가장 무섭다는 말이 이런 때마다 터져 나온다. 사람이란 존재는 이렇게 상황에 따라 표변하고 전혀 측량할 길 없는 악한 존재란 말인가? 도무지 헷갈린다. 웃고 떠들고 즐겁게 살아야지만 우리의 어둔 역사를 외면해서는 안 된다. 과거의 오류를 청산하지 않고 미래의 밝은 길로 나간다는 것은 고기를 잡으러 산으로 간다는 이치와 뭐가 다른가?

물론 우리나라도 노비제도가 있었지만 그렇게 잔인하게 동물로 취급하지는 않았다. 오히려 춘향전의 방자에서 보듯 자문과 친교역을 맡은 비서로 보면 되지 않을까? 우리 집에도 예전에는 하인 비슷한 사람들이 많았던 것 같다. 지난 이야기를 들으면 할머니께 마님이라고 호칭했던 것 같은데…. 어머니가 몸종이 둘 있어 하나는 이월이 하나는 사월이었는데 어느날 밤 달아났다는 이야기는 심심찮게 들었으나 먼 과거의 일이라 호기심도 발동 되지 않았다. 기억속의 할아버지는 호랑이보다 더 무서웠다. 할아버지 댁에서 맛있는 과자를 주고 놀다가라고 붙들면 집으로 돌아오려고 애를 태웠던 기억이 있다. 어지간히 인기 없었던 타이쿤이나 동네 사람들에게 배급을 주듯 쌀을 나눠주어 명절을 쇠도록 했다는 일화를 전해준다. 동서양을 넘나들며 우리 집안의 뿌리까지 더듬으려니 머리가 무겁다.

성 외관은 왜 또 그리 하얀 성을 지었는지 흑백이 극명하게 드러나도록 일부러 그랬는지 모르겠으나 지금은 과거의 살육과 같은 잔인한 노예시장의 거점도 사라진 채 한가한 관광지로서 그나마 명맥을 유지하고 있는

성이다. 유네스코에 등재 되었다니 더욱 발길이 끊이지 않으리라. 다시는 이런 불행한 일이 일어나지 않도록 하는 교훈과 반면교사로서의 유적인 셈이다. 성을 돌아보고 잠시의 지체도 없이 아크라로 돌아왔다. 더 있고 싶지도 않다. 감옥 입구의 현판에 '죽은 자는 편히 잠들고 돌아온 자는 뿌리를 찾게 하소서. 다시는 이런 불행이 없기를 우리는 맹세합니다.' 이 기도로 겨우 원혼에게 봉헌해야 되나?

빅폴의 북소리

드디어 짐바브웨 공항을 통해 빅토리아 폭포로 입성. 스탠리와 리빙스턴은 아직도 기억에 남는 감동적인 영화이다. 완고한 왕립 지리학회 원로들에게 스탠리의 일갈로 빅토리아 존재가 밝혀지는 장면 하며 리빙스턴을 찾아가 해후하는 감격적인 장면들이 잔상에 남아 있다. 리빙스턴 박사 동상은 생각했던 것보다는 초라하다. 그 명성에 비해 조각미가 떨어진다. 어느 나라도 리빙스턴의 발견의 덕으로 살면서도 그다지 투자를 하지 않는다. 희랍 조각을 연상하는 게 무리인지는 모르겠지만.

바오밥 나무 그늘 그윽한 호텔은 그 옛날 대영제국 시대의 아련한 향취가 흐른다. 광활한 전망과 드넓은 데크가 아프리카 건축양식의 특징이다. 더운 나라이니 햇빛의 차단과 그늘을 더 많이 들여놓기 위해서는 이런 자연휴식 공간이 더욱 넓어야 되리라.

제국주의자들이 여기저기 한가로이 모여 앉아 탁상에서 지도를 갈랐던 19세기가 눈앞에서 잡힐 듯 전개된다. 1889년 독일 황제 빌헬름 2세는 독일 영토에는 산이 없으니 영국령에 있는 킬리만자로 산을 독일령으로 해

두고두고 잊을 수 없는 빅폴의 쌍무지개

달라는 한마디에 킬리만자로 산을 딱 떼어준 빅토리아 여왕의 인심 하며 역사를 뒤돌아보면 황당하기까지 하다. 부족의 분포를 무시하고 손끝 가는 대로 직선으로 갈라놓아 그 화근이 지금 부족 간의 끝없는 전쟁으로 폐허가 되었다.

영화 '아웃 오브 아프리카'에서 보여준 데니스의 냉소적인 표정과 대화에서 지식인이 느꼈던 아프리카의 비애가 공감 된다. 힘만이 자랑이라면 이 세상에서 약한 사람들이 어떻게 살아남는단 말인가?

인터콘티넨탈 엘리펀트 힐은 명성에 맞게 유구하다. 밤에 데크에서 바라보는 별빛과 새벽에 맞이하는 일출은 '아아 살아 있다는 것이 이렇게 경탄할 만하구나!' 하는 감동을 준다. 잠비아 사이드의 빅폴 앞에서는 누가 먼저랄 것도 없이 '주하느님 지으신 세상'을 다함께 합창했다. 새벽에 빅폴 앞에서 성가를 다함께 불렀으니 이만하면 우리가 귀한 시간을 내어 아프리카를 탐험하는 의의가 족하지 않은가?

아침에 보는 무지개는 저녁에 보았던 짐바브웨 사이드의 빅폴과 또 다른 색감이다. 보다 청량하여 이슬처럼 투명하다. 계시처럼 무지개가 펼쳐져 있는 장관에는 입이 다물어지지 않는다. 이구아수 폭포에서 생전에 볼 무지개를 다 보았다고 감탄했는데 하느님이 아직도 더 무지개의 선물을 퍼부어 주신다. 빅폴의 무지개는 두고두고 쌍무지개까지 잊혀지지 않으리라. 우리의 이상의 상징인 저 무지개가 피어오르는 빅폴은 이 세상 밖의 저 세상이 분명 존재한다는 계시로 보인다. 워즈워드만 무지개를 보면 가슴이 뛰겠는가? 사람이라면 누구나 가슴이 뛰어 한동안 진정이 필요한 곳이 빅폴의 무지개 뜨는 언덕이리라.

어느 장소에 들어갔을 때 아! 다시 한 번 와야지 하는 감상이 물밀듯 이는 곳이 있는데 빅폴 또한 그런 향수 어린 장소이다. 마치 내가 카렌 블릭센이 된 듯 쓰리고 아픈 사랑과 아프리카인에 대한 인류애 등이 뒤엉켜 미래에의 열기가 모닥불처럼 타오른다. 우리 삶의 신비가 여행지에서 치열하게 불타오르는 것이다. 더욱이 잠베지 강의 황혼녘 크루즈의 낭만과 우수는 비할 데가 없이 달콤하다.

저녁에 보마식당에서 아프리카 전통음악과 진귀한 야생동물의 바비큐는 흥분할 만하다. 임팔라, 악어 꼬리, 버팔로, 와트 등 골고루 조금씩 베어다 맛본다. 옷까지 입혀놓고 아프리카 기분을 내라고 서비스를 한다. 사진을 보니 너나없이 아프리카 토인과 흡사한 이미지이다. 북소리가 너무도 가슴에 저며 와 북을 하나 사들고 갔으면 하는 생각도 드나 생활의 단순화가 모토인지라 생활 속에 잡다한 물건을 끌어들이지 않도록 조심한다. 농담 반 진담 반으로 가장 존경하는 인물이 간디이고 그의 무소유를 실천하고 싶다고 떠드는 사람 아닌가?

아프리카 북소리는 그 음향이 우리의 북과는 다르다. 아프리카 음향이라고밖에 찬탄하지 않을 수 없는 고유의 음색이다. 생명의 고동이라고 해야 하나 아니면 새싹이 움트는 대지의 포효라고 하면 맞을까? 여하간 그런 장엄하며 동시에 은은한 자장가 같은 고적한 저음의 울림이 있다.

한 백인 아이가 북소리에 맞춰 춤을 추는데 어쩌면 저리도 리듬감이 뛰어난 아이가 있을까 싶다. 저 아이의 장래는 음악의 분야로 인도하시지 않을까. 박자가 늦다는 것을 나는 노래방에 가면 느낀다. 박자를 영 못 맞춘다. 게바라가 탱고 음악이 나오면 자기에게 알리라고 하고 춤을 추면 영 따로 돌아갔다고 혁명 동지 오스카르 페르난데스 멜 박사가 우정 어린 회고를 하는 장면이 떠올라 속으로 웃는다. 최아란 선생이 아프리카 모자를 멋지게 만들어 씌워 주었다. 눈썰미와 재치와 열정이 눈부신 아란 선생….
내일 대망의 사파리라 벌써부터 고조되어 있다.

쵸베 국립공원 사파리

대망의 사파리 대장정에 나선다. 차를 두 대로 그룹을 나눠 탔다. 준비물이 한두 가지가 아니다. 최신 유행하는 얼굴 전면부를 완전 가리는 마스크를 쓰고 다니니 탈레반 떼강도와 다름없다. 외국인들이 신기하다는 듯 우리들을 주시한다. 앞의 짚차를 적당한 거리를 두고 따라가면 먼지를 뒤집어쓰지 않는다. 해안선을 따라 사파리 루트가 정해져 있다. 가이드가 귀신같이 동물의 존재를 알려준다.

〈내셔널지오그래픽〉에서 보던 풍경들을 현장에 와서 보니 박진감과 스릴이 넘친다. 코끼리 하마 임팔라 코뿔소 기린 등이 아무 걱정 없이 나뭇잎을 뜯고 있다. 사자를 보지 못한다고 아쉬워한다. 적당한 선에서 만족해야지. 사자를 본들 사자를 안고 포옹할 것도 아니고 표범을 만나 악수를 할 것도 아니라면 이렇게 모여서 아프리카 대장정을 하는 것만으로도 기뻐 펄쩍펄쩍 뛸 일이다. 사파리에서 만날 수 있는 야생동물의 수나 정도가 한계가 있다. 일종의 동물원 구경과 비슷하다. 물론 광대한 쵸베 초원과 울타리 없는 경계가 우리이겠다. 사자를 못 본다고 되뇌는 어른의 심경 이

해도 된다. 나이가 들면 다시 온다는 보장이 어렵기 때문이다. 여행도 젊어서 부지런히 다녀야 되겠다. 세렝게티가 그 규모가 쵸베보다 크다는 것은 사자 사진을 찍어온 것을 보고 알았다.

관광객을 오히려 신기한 듯 무심하고 초연히 보면서 쌍으로 서서 긴 목을 늘이고 풀을 뜯는 기린을 보니 바빠서 칼날 위에 춤추듯 긴장 속에 사는 문명인이라는 우리들의 삶의 속이 보인다. 그 난리를 부리고 살다가 종국에는 죽음에 이르는 인간의 유한성이라니. 물론 야생동물도 수명이 있는 것은 마찬가지이고 그 생존방식도 사람들과 다를 게 없다. 먹고 먹히기의 혈투를 벌이는 장면은 섬뜩하여 못 보겠다. 이미 상처가 난 표범을 집중 공격해대는 장면은 인간 세상의 패거리 문화나 정객들의 권모술수에서 그 예를 볼 수 있겠다. 한 사람을 모함하여 죽음에 이르게 하는 것은 이미 피를 철철 흘려 죽기 직전의 상대를 마지막까지 굴복시키려고 최후의 일격을 가하는 그 잔인성과 흡사하다.

아프리카 야생돌물과 초원은 우리에게 대자연의 웅혼함에 탄복하게 만든다. 코끼리 군락, 농촌 풍경 등 원시 그대로 펼쳐진 대평원이 그지없이 광활하다. 날씨 또한 더없이 청명하여 거울 속을 다니는 듯 눈부시다. 기구를 타고 사파리를 하는 게 최고로 멋있다는 정보가 오간다. 기구를 타게 되면 타리라. 그러나 나는 그때그때 주어진 기회나 시간에 항상 대만족하는 사람이다. 지금 누리는 이 순간이 영원으로 통하는 지름길이라는 믿음을 늘 잃지 않는다.

새로 산 망원경은 보츠와나인 가이드에게 쓰라고 주었다. 다시 망원경

쓸 일도 별반 없겠다. 외국에 다니면 우리나라를 상징하는 작은 기념품을 준비해서 선물하는 것이 민간외교로 한몫한다. 전에는 부지런히 하고 다녔는데 이제는 거기까지 신경을 못 쓴다. 무슨 큰일을 한다고 항상 쫓기듯 시간의 칼날 위에서 춤춘다.

빅폴을 떠나기 전 헬기로 돌아보는 코스를 택해 그예 빅폴을 한 번 더 조망하는 기쁨을 누렸다. 생전 처음 타는 헬기를 맨 앞장서서 탔다. 〈내셔널지오그래픽〉의 사진들이 헬기 등 최첨단 장비를 동원해서 비할 데 없이 아름다운 사진들을 전 세계 독자에게 선사했다는 것을 헬기에서 내려다보며 깨닫는다. 케이프타운행 비행기는 헬기관광으로 시간이 임박하여 서둘렀다. 아프리카 심장부를 벗어나 남아공으로 우리는 비행하고 있다. 꿈에 그리던 희망봉을 향해!

케이프 타운

세라톤에 가방을 푸니 안도가 된다. 아무리 여행이 즐거운 일이라도 강행군을 하니 버겁다. 남아공은 지도상으로 아프리카임에 틀림없으나 아프리카 같지 않다. 유럽보다 더 화려하고 은성하다. 세라톤이 멋있다고 이구동성으로 탄성을 지른다. 밖에 나오면 남의 것은 다 좋고 크게 보이는 면이 있나? 나는 호텔 층마다 즉 방으로 들어가는 입구마다 자동장치가 있어 투숙객이 아니면 방 근처도 얼씬 못하게 보안장치가 되어 있는 것이 눈에 거슬린다. 이 남아공이라는 사회의 단면이 여기에 이렇게 안전장치로 엄연하게 분리되어 있는 게 아닌가? 이런 세상이 잘사는 나라 살기 좋은 나라라고 할 수 있나? 우리나라는 어느 호텔이든 들어가 구경이라도 할 수 있다. 잠을 안 자도 차라도 마시고 공원처럼 이용해도 누가 뭐라지 않는다. 중곡동 정신병원에서 정신과 수련을 받을 때 세라톤을 아지트처럼 드나들었다. 내게는 우리나라 세라톤이 더 멋지다. 자연경관과 위치가 명당중의 명당이다. 남아공의 세라톤은 건축자재나 구조 등이 고급인 것은 사실이나 정원이 없고 살벌하다. 도시적인 건축물이다. 비싼 거리에 지테이블 마운틴을 뒤로 두고.

은 건물임에 틀림없지만 고급이라는 외에 운치가 없다. 남아공 백인같이 도도하다고 할까, 무지막지하다고 할까. 비정한 건물이다.

아침부터 테이블 마운틴으로 올라가느라 법석이다. 날씨가 그러나 이렇게 사나울 수가! 돌풍 같은 바람과 음산한 날씨가 남극의 위세가 보통이 아니라는 것을 체감케 한다. 스코트 대령과 닥터 윌슨이 18km를 남겨두고 횡사한 그 남극의 삭풍이다. 그럼에도 우리들은 신명이 나서 회전 케이블카에 내려 테이블 마운틴을 돌면서 중간중간에 사진을 찍으며 설명을 듣는다.

로벤 아일런드는 그림처럼 내려다보인다. 만델라를 탄생시킨 로벤 아일런드. 시간이 있으면 거기까지 가보면 좋으련만. 남아공이라는 나라는 만델라가 있어 더욱 그 이름이 빛나는 나라가 아닌가. 장장 27년 6개월 영어의 세월을 보낸 분이 화해와 용서의 신념을 강인하게 지켜 가는 모습에서 전 세계 자유와 평등을 사랑하는 시민을 열광케 한다. 아프리카 국민의회에서 보복과 대결을 고집하자 '형제들이여 칼과 도끼와 총을 모두 내려놓으라. 바다 속에 던져 버리자'는 명연설은 가슴 뭉클한 감격이다. 남아공이 누적된 문제가 테이블 마운틴만큼이나 많은 나라이지만 다행인 것은 사람들이 만델라 말은 듣는다는 점이다. 『행복을 찾아서』의 저자와 찍은 사진을 보면 만델라 옷은 항상 보는 수수한 옷인데 저자의 옷은 휘황찬란한 디자인으로 비싸 보인다. 그러나 만델라의 저 미소를 따라잡을 인물이 있겠는가? 동시대인으로서 영웅을 본다는 것도 큰 행운이라고 생각한다. 케이프타운 대학과 뉴질랜드 메이슨 클리닉 두 군데 연락을 하여 자보 교수는 크리스마스 휴가기간이라 더 뒤에 왔으면 하고 뉴질랜드는 바로 내려오라고 하여 뉴질랜드로 기수를 돌렸던 것이 1996년 가을이었다. 그리고 올 여름 그예 케이프타운 땅을 밟은 것이다. 이 아니 감격스러우랴?

테이블 마운틴에서 내려와 타조농장으로 직행했다. 타조에 대한 설명을 듣고 타조 타기를 한다. 목을 너무 꽉 잡으니 놀래서 움직인다. 말 타기와 다를 바 없다. 승마를 계속 했어야 되지 않나 하는 아쉬움이 순간 일어난다. 그러나 적당하게 만족하고 살아야지. 중용을 강조하시던 가훈을 떠올린다. 타조 고기는 맛있다. 포식한다. 스테이크를 많이 먹지 않는데 타조 고기는 한 접시 깨끗이 치웠다.

오후에 와이너리를 갔다. 남아공의 포도주를 대대적으로 홍보한다. 솔직히 남아공 와인이 그렇게 맛있다는 생각은 들지 않는다. 시음으로 내놓는 와인을 고급으로 내놓지 않는 건지도 모르겠다. 저녁 와인을 곁들여 늘어지게 먹으면서 흥 많은 우리들은 누가 제창할 것도 없이 자연스레 노래방이 시작되었다. 그동안 많이 참았다고 하겠다. 옆의 외국인들이 신기하다는 눈치이다. 한국인은 이렇게 역동적이라는 것을 만천하에 집단으로 실력을 보여준 셈이다. 내일이 희망봉 가는 날이다. 아! 꿈에 그리던 희망봉 아니 희망곶!

꿈에 그리던 희망봉(Cape of Good Hope)

언제부터인가 품고 있던 희망봉 땅을 밟으니 약속을 지키고 난 후의 안도감 비슷한 자부심(?)이 일어난다. 그저 생각으로 그치고 말고 말고 하면 대체 우리 삶에서 무엇이 이룩되는가? 공상 내지 백일몽으로 사라진다면 기실 생각이라는 것 자체가 무망한 노릇이겠다.

과연 여행지에서 읽은 대로 '험한 날씨와 거친 앞바다'라는 보고가 과장이 아니다. 날씨가 난폭하기가 이를 데 없다. 가나의 기니아만과 빅폴의 그 수려한 여름 풍광은 거의 몽환적 수준이었는데, 이 희망봉에 오니 모피를 입고 다니는 게 아닌가? 여름옷만 갖고 나온 나의 낭패감이라니! 이제 여행도 막바지에 달했는데, 옷을 사면 되지만 어느 세월에 옷을 사러 가나? 보다 못한 김봉옥 선생님이 선뜻 숄을 둘러주어 동사를 면했다. 이 점 두고두고 김봉옥 선생님께 감읍할지어다!

엄격하게 말하면 아굴라스 곶(Cape of Agulhas)이 아프리카 대륙 남쪽 극점이며, 수로학상 인도양과 대서양을 구분하는 지점이다. 그러나 사람들 마음속의 최남단은 바로 이곳이다. 사실과 믿음 희망 사이의 지리적 차이

희망봉의 '험한 날씨와 거친 앞바다'를 사진으로도 확인할 수 있겠다.

희망봉의 이정표. 리오데 자네이로 6,055km, 뉴욕 12,541km이라고 씌어 있는 것이 보인다.

가 무에 그리 대수로운가? 그 옛날 천신만고 끝에 이 항로를 발견한 분들의 노고를 돌아볼 때 이곳이 희망봉이어야 하는 이유는 충분하고도 넘친다.

1488년 포르투갈 항해가 바르톨로메우 디아스가 아프리카 대륙 남단을 확인한 후 포르투갈로 귀항하는 길에 처음으로 이 곳을 발견한 이후 인도양에서 흘러온 모잠비크-아굴라스 난류와 남극해에서 오는 벵갈라 한류가 만나는 지점이라 광폭한 날씨로 더 유명해졌다 하겠다. 여행객인 우리를 골릴 심사인가? 리어왕이 광야를 헤매던 그 사나운 날씨를 여기서 보고 쓴 게 아닌가 하는 갈피 없는 생각이 다 일어난다.

풀과 키 작은 관목림을 지나 약 200미터 정도 올라가니 이정표가 나온다. 리오데 자네이로 6,055km, 남극 6,248km 라고 화살표를 해 놨다. 기념품 숍에서 작은 종을 샀다. 기념품 하나 안 사던 내가 희망봉 꼭대기에서는 영롱한 방울 같은 종을 샀다. 아굴라스 곶의 인도양과 대서양이 만나는 극점을 실제 밟아보면 하는 아쉬움이 일어나나 여기서 만족하자 달래며 내려왔다. 점심을 먹으러 덜덜 떨며 레스토랑에 들어가니 벽난로가 활활 탄다. 남아공에 와서 이렇게 혹독한 겨울을 만나다니! 랍스터를 무척 달게들 드신다. 그러나 나는 구미가 당기지 않아 입에도 대지 않았다. 추위도 추위지만 이제 희망봉을 다녀오니 아프리카 대장정의 끝이 왔다는 실감이 든다. 귀국을 하면 아! 얼마나 많은 일들이 아귀같이 달려들까? 그러나 두렵기는커녕 어서 가서 걷어 부치고 병원 문을 들어설 생각으로 잠도 오지 않는다. 개중에 유명한 데를 가보면 별것 아니라고 푸념하는데 나는 그렇게 생각하지 않는다. 그 별것이라는 것이 규모나 외관으로 우리 눈이 돌 정도로 혹하거나 자극적이어야 굉장한 건가? 아니다. 소박한 우리 마음속에 그치지 않고 타오르는 희망이라는 미래의 등불이 켜진 곳이 그래 별것 아닌 곳인가? 나는 희망봉의 하얀 등대를 내려오면서 우리 삶의 희망이 드높게 저 아굴라스 곶의 세찬 바닷바람처럼 너울거리는 실체를 본 흥겨움으로 내처 새벽까지 희망봉을 향해 경묘한 작별을 고한 것이다.

지금 이 자리에

6

동양과 서양이 만나는 곳

보스포루스 해협

보스포루스 해협을 잇는 다리 밑을 지나는 기분 흥분된다. 두 대륙이 하나로 연결되는 접점을 통과하는 절묘함이라니! 이스탄불은 익히 너무도 자주 듣고 보던 도시라 실제로는 처음이나 자주 들렀던 것 같은 데자뷰가 온다. 눈에 익다못해 그 이콘까지도 친숙하다. 특히 웬디 수녀님의 성화 해설에 채택된 이콘이었구나 생각이 드니 반갑기 그지없다. 만나기를 원했으나 오랫동안 만나지 못한 연인을 만나는 그런 설렘을 맛본다.

이스탄불의 매력이라면 용광로처럼 동서양의 문물이 융합되어 걸쭉한 굴라쉬가 된 듯한 그런 흥건한 정취가 도처에 풍긴다. 이 거리 저 거리가 관광객이 홍수가 되어 특히 그 유명한 소피아 사원 앞은 발 디딜 틈이 없다. 과장하자면 줄이 1마일은 서서 기다려야 될 형편이라 지하수 저장 시설을 먼저 둘러보자고 한다. 교통마비, 혼잡, 경적소리, 고함소리 등등 귀가 따갑다 못해 호떡집 불난 듯 정신을 차릴 수 없다. 사람이 살아 숨 쉬는 도시 이스탄불이 실감된다. 전 세계 스파이 무대 집결지였던 이스탄불. 모스크의 건축과 기독교의 양식이 융합되어 공존하는 소피아 사원의 매력.

깡그리 파괴해버려 씨를 말리는 잔악함보다 싸울 때 싸우되 그래도 거기에 덧보태 조화를 이뤄 살아가는 지혜 덕분에 후손들이 문화적 혜택을 누리는 게 아닌가?

잉카 유적지를 돌아보며 정복자들의 잔악함에 치를 떨던 기억이 있다. 태양신을 숭배하던 그 선량하고 천진한 잉카 왕을 배반하고, 메시아로 여기고 융숭한 대접을 한 잉카 왕을 매장하고 정복한 피사로는 사가들에게는 가장 비열한 정복자로 기록되고 있다. 역사에 매몰되어질 뻔한 잉카의 위대한 문명이 예일대 고고학자인 빙함의 발견으로 마추피추가 역사에 재등장할 수 있었던 것은 그나마 다행이다. 마추피추를 찾는 이마다 그 찬란함에 압도된다. 나도 오래전에 마추피추를 먼저 둘러보았다. 거기에 비하면 이스탄불은 나로서는 좀 늦게 온 셈이다. 모즐리 병원에서 일하던 닥터 마스다가 부활절 내내 터키여행을 하고 돌아와 이스탄불 이야기를 많이 전해 주었던 기억이 있다. '아락'이라는 술도 프린세스 마리나 하우스에서 하나 방에 놀러 가면 가끔 맛을 봤다. 나에게 언니처럼 다정했던 하나였는데 지금쯤 스리랑카 고국으로 돌아갔을까? 모두들 각자의 나라에서 열심히들 살겠지….

이즈미르 도착 직전 점심으로 우리 음식을 대하자 다들 게걸스럽게 먹어대는데 나는 어딘가 거북하더니 이상하게 에페스를 다니는 오후 내내 속이 편하지 않고 간헐적으로 복통이 온다. 다행히 심하지는 않아 참을 만하였으나 드디어 이스탄불로 돌아오는 비행기를 타니까 멀미가 나서 기내식을 일체 입에 댈 수가 없었다. 토하지는 않았으나 이스탄불에 도착하니 어찌나 탈진했는지 호텔에 들어가 눕고 싶은 생각밖에 없다. 남의 나라 음식을 먹고 탈이 났다면 말이 되지만 도대체 이게 무슨 짝이란 말인가? 나는 생전 그 많은 나라를 돌아다니면서 음식 먹고 탈 나 본 적이 없는 사람이다. 내 체력이 떨어져서인가? 김기룡 동기가 나이는 못 속인다며 놀린다. 그런 것 같기도 하나 그러나 나는 그 음식점이 의심쩍다. 우리식으로 말하면 고속도로 휴게소 비슷한 중간지점인 것 같은데 우리나라 관광객뿐 아니라 손님이 많아 정신이 없었다. 죄송하지만 위생 청결상태가 마음에 걸리더니… 내 위는 내 머리보다 더 과학적이다.

이스탄불에서 알아준다는 한식집에 와서 다들 한식 그것도 매운탕을 먹느라 정신이 없다. 매운탕 냄새가 역겨워 도저히 식당에 앉아 있기도 그렇고 신나게 먹는 것을 바라보기도 민망하여 가까운 카페에 앉아 기다리기로 하고 가이드에게는 가서 저녁을 먹도록 일렀다.

카페에 앉아 가게 앞을 지나치는 행인들을 바라보고 있으려니 저녁 공기가 더할 나위 없이 쾌적하다. 조금 정신이 들고 속도 가라앉는다. 독일인 여행객들 한 떼가 앉아 담소를 하는데 시끄럽지 않아 다행이다. 샨디를 주문하니 웨이터가 갸우뚱한다. chiandi: half lager+half lemonade로 알려주니 영국과 달리 비어밖에 없다고 하여 그것으로 해오라고 일렀다. 한 쟁반 받쳐 갖고 나왔으나 도무지 시어 터져 먹을 수가 없다. 입을 대다 찡그리니 웨이터가 죄송스럽다는 표정을 짓는다. 샨디 맛 그대로는 아니나 괜찮다 하고 조금씩 핥으니 그런대로 속이 가라앉는다. 웨이터가 다시 부드럽게 한 잔을 만들어 갖고 와서는 '나의 감사(my compliment)'라고 하며 내온다. 참 이래서 내가 유럽의 공기랄까 여유랄까 이 낭만을 못 잊는다니까…. 고맙다고 인사를 하고 두 잔을 놓고 앉아 갈피 없는 상념을 굴리고 있으려니 이 실장이 나타난다. 터키 돈으로 거스름돈을 받고 웨이터에게 고맙다는 악수를 하고 벨리댄스 극장에 갔다. 벨리댄스를 잠시 보고 힐튼에 혼자 돌아와 느긋하게 샤워하고 자리에 누우니 세상에 나보다 더 안락한 사람은 없다는 기쁨이 샘솟는다. 벨리댄스에 호기심이 총 발동되어 모두들 끝까지 구경하고 돌아왔다고 감탄이 자자하다.

이튿날 아침에 일찍 배를 타러 가자고 하여 사실 나로서는 내키지 않는 일이나 어쩌겠나 그룹 여행은 함께 보조를 맞춰야지. 유람선을 전세 내어 보스포루스 유람선을 타고 한 시간 넘게 이스탄불을 돌고 내리니 아니나 다를까 빈속이라 멀미가 난다. 다행히 오후 내내 계속 걸어서 구경을 다니므로 나의 컨디션은 절로 해결이 되었다. 부족한 운동이 보충되어 시간이 갈수록 탄력이 붙는다. 여하간 여행지에서는 음식 조심이 필수이다. 어딘가 불결해 보이는 음식은 일체 입에 댈 일이 아니다. 우리 음식을 먹고 고생하는 나를 동정하지도 않는다. 밖으로 나오면 진탕 먹고 다니는 나를 기이하게 쳐다보기도 한다. 나는 스프를 꼭 두 그릇씩 더 달래서 먹는다. 저렇게 서양 음식을 즐겨 먹는 사람이 어떻게 우리나라에서 배기나 묻는다. 그러나 염려하시지 않아도 된다. 집으로 돌아오면 나는 또 토속음식만 죽어라 찾아 먹는다. 생명강 전원마을의 보리밥은 옆의 사람이 죽어도 모를 옛날 그 맛이라 두 그릇이나 먹었다. 대체로 입이 짧은 편인데 두 그릇씩 먹는 것을 보고 동문들이 놀랬다. 우리 땅에서는 아무리 맛있는 양식집이라도 가는 일 거의 없다. 그 음식이 본래 양식의 맛과는 다르다는 것을 이미 내 위가 알기 때문이다.

토프카 궁전의 보석 모스크의 위용과 야릇한 향내, 주문을 외며 기도하는 신도들, 기하학적인 모자이크와 아랍 글자의 예술성이 새삼 눈에 들어온다. 세계를 호령하던 오스만 투르크 제국의 과시가 도처에 배어 있다. 터키 사람의 호전성이랄까 극단적인 면은 런던에서 터키인들과 일하면서 나름대로 느꼈다. 제국이었다는 향수와 더불어 현재를 그대로 수긍하지 못하고 보상하려는 심리가 있다. 이 점은 그리스인에게서 더욱 심하게 나타난다. 휘황찬란한 보석을 둘러보니 어지간한 보석은 사고 싶은 마음이 싹 가신다. 나는 보석을 몸에 달고 다니는 취미가 없다. 먼지도 무거운 나는 얼마나 게으른 사람인가?

그랜드 바자에 들어가 내일 입을 흰 옷 하나 샀다. 그날그날 장보며 구경한다. 어차피 물건 살 시간이 없는 것은 내내 마찬가지이니 이렇게 돌아다닐 때 장만해둔다. 여름옷을 하나도 갖고 오지 않았고 갖고 올 필요도 없다. 여행지에서 하나둘 사서 입은 것이 다음에 추억거리가 되기도 한다. 가방 무거워 물건을 거의 사지 않는다. 누구 말처럼 여행 가려면 눈썹도 떼고 가라고 했다는 옛 어른들 말씀이 일리가 있다.

고린도 유람선(Corinth canal cruise)

고린도에 들어서니 무슨 신탁을 받은 듯 아니면 주문에라도 걸린 듯 일상의 시간을 훌쩍 뒤로 두고 나 자신이 고린도 주민이 된 듯한 환각이 든다. 특별히 그 장소의 마력에 끌려 나의 인격구조가 해리된 듯 몰입의 경지에 빠진다. 고린도 운하를 한 바퀴 도는 선상에 서니 자연 네로 황제의 초년의 선정 시기가 떠오른다. 안내자가 네로가 젊은 날 미남이었음을 강조하는데 실제로 박물관에 가서보니 준수하기 비할 데 없는 흉상이었다. 저 정도 인물을 타고나야 황제의 반열에 오르나 하는 의구심이 생긴다. 실제로 이 운하의 시작 1/4은 네로 황제로부터였고 이후 현대에 와서 완공된 운하이니 유적으로서의 성가는 감해진다. 그렇다고 하여 고린도 운하의 풍광의 미려함이 반감될 리 만무하다. 협곡을 빠져나가며 다가오는 바다는 숨이 막히게 아름답다.

날씨 또한 쾌청 쾌청. 그러나 햇빛이 지나치게 눈부시고 강렬하여 다들 2층으로 내려가 버린다. 에게 태양 아래서도 양산을 쓰고 다니는 우리들 아닌가? 외국인들이 양산 쓰는 사람들은 한국인과 일본인이라는 것을 이제는 익히 안다고 가이드가 웃는다. 말로만 듣던 미스트랄 바람과 저 강렬한 태양에 대해서는 두 손을 아예 들어 버렸다. 우리 무더위와는 격이 다르다. 그늘에 가면 그리 시원하고 햇빛에 서면 타 죽을 것 같은 맹렬한 지중해 태양. 이 기후를 알지 못하고 카뮈를 이해하기가 쉽지 않았으련만 용하게도 카뮈 숭배자들이 전 세계에 퍼져 있다. 인간의 지적 사유 능력 또한 기후의 변덕을 지배할 만하다는 입증인가?

나는 여행지에서는 그 나라 옷이 제일 편하다는 것을 체득하고 있다. 솔기라든지 단추 등이 주렁주렁 달린 옷이 얼마나 이 땡볕의 고대도시에서 안 맞는지! 히잡이나 머리에 터번을 매는 등의 풍습이 다 인체를 보호하는 지혜였다. 터번의 상쾌한 맛이 들은 나는 이 편한 터번의 유혹을 물리치지 못한다. 이 터번 매는 법을 아크라에서 배웠다. 알고 보면 그리 쉬운 것을! 아쉬운 것은 아프리카 여인들이 접어서 만드는 모자를 완전히 배워 오지 못한 것이다. 어찌 그리 멋지게 기하학적으로 천을 접어서 관 같은 모자를 만드는지…. 내 다시 아프리카에 가면 필히 모자 접는 법을 배워 오리라. 더우면 더위를 피할 수 있는 가장 시원하고 편리한 옷을 찾아 입는 게 과학적이다. 나는 누구보다도 실용주의자라서 설령 금딱지를 붙인 옷이라도 내 몸에 좋은 면 옷과 바꾸지 않는다. 나는 흰 파스미나 스카프를 신줏단지 위하듯 들고 때맞춰 얼굴을 직사광선에서 가리며 그리스 터키 일주를 마쳤다. 일상에서 용품을 그 용도의 120%를 쓰는 게 지혜 아닌가?

고린도 선상 유람이 끝나니 헤어지기 싫은 연인을 뒤로 두고 내리는 듯 아쉽다. 네로 황제는 폭군의 이미지가 박혀 있어 그가 베푼 선정은 언급조

차 되지 않고 있다. 그의 잔악함이 도를 넘은 연유이겠다. 그러나 따지고 보면 네로는 만천하에 드러나서 그렇지 네로 이상 가는 폭군도 주변에 많다. 그들이 유명한 사람이 아니라서 어머니의 희생으로 끝나버린 것이 다행인 노릇이다. 나는 저렇게 이목구비가 빼어난 인물이 폭군으로 변해버린 권력의 세계가 비정하다는 처연함에 젖는다. 배반에 배반이 좌절에 좌절이 거듭되면 황제 아니라 누구라도 인간 자체에 대해 사랑을 품기보다 방어에 급급해질 테니까 말이다.

네로를 두둔하는 게 아니라 저간의 역학들이라는 게 태양 아래 새것 없다는 진리처럼 확연히 들여다보이기에 하는 한탄이다. 고린도 운하를 뚫을 생각을 한 것을 보면 포부 또한 부풀었으나 얼마 살지도 못하고 폭군의 오명으로 남아 있는 네로. 우리에게는 피터 유스노프의 능글맞을 정도의 노련한 연기로 네로 황제 이미지가 고정되어 있다. 불타는 로마를 바라보며 시를 읊는 네로의 공허감은 황제 자신만이 아는 고독이었으리라. 저주와 증오의 백성들 눈동자에 이미 죽음을 재촉하는 네로의 음울한 시어가 난무하니 이 또한 유한한 인간존재의 숙명 아닌가? 막강한 권력도 배반도 그리고 사랑은 더욱이나 덧없는 허영의 시장에 불과하다는 이 적막감. 그러나 현재 이 시간 우리가 살아서 생명이 연소하고 아직 사랑할 일이 많아 밤낮이 모자라게 뛰고 있다는 이 불꽃이야말로 운명 아닌가?

나는 고린도 운하에서 드물게 섬광처럼 다가온 영감으로 세계사 한 페이지가 내 앞에 날아와 무한한 상상의 대화를 통해 고인과 상면하듯, 고린도 주민이 네로에게 동상을 세우고 감사하듯 네로의 아이디어 덕분에 고린도 운하를 통해 세 개의 바다를 동시에 도는 행운을 누린 것이다. 이 먼지처럼 바쁜 일상에서 창연한 고대의 유적 속에서 과거와 현재 미래가 동시에 열리는 그런 황홀한 체험을 한 것이 너무도 행복하여 소리 없이 감격의 해후를 반추하고 있다.

영묘한 에게 바다가 이정도 신비와 마력을 지녔기에 문명의 온상이 되었다고 고개를 끄덕인다. 한강을 누구보다 사랑하지만 유적 더미로 뒤덮인 이스탄불 거리거리를 휩쓸다 돌아와 보니 어쩐지 고도의 위력이라는 것이 과거의 유령으로 끝나는 게 아니라 의식 속에 무한정 깊게 전래되어 우리를 지배하고 있다는 것을 느낀다. 마법과 같은 고대의 유적들과 원형(archetype)이니 하는 이론들이 천재들의 발견이 아니라 인류의 체험을 정리한 묘수이리라. 그렇다! 에게해의 사이렌이라는 요정에 홀려 나는 고린도를 향해 상상의 노를 아직도 저어 가고 있다. 이 가을 빛 쏟아지는 한낮에도….

에페스의 아르미테스 신전

세계 7대 불가사의의 하나인 에페스의 아르미테스 신전을 드디어 상면한다 생각하니 가슴이 뛴다. 천혜의 환경 즉 배산임수의 에페스의 입지가 초행자의 눈에도 확연히 들어온다. 고대도시를 들어갈 때마다 느끼는 경이로움은 그 지형이 평범하지 않고 어딘가 신기가 느껴지는 영묘한 공기가 돈다는 점이다.

에베소 사람들은 다산과 풍요의 상징인 아르미테스 여신을 위해 기원전 580년에 아르미테스 신전을 건축하였다. 이 신전은 기원전 한 정신병자의 방화로 소실되었다가, 그리스 건축을 대표하는 최선 최미의 걸작품인 파르테논 신전보다도 크고 웅대한 신전으로 재 창건됨으로써, 이오니아 양식으로 지어진 대표적인 건축물로 손꼽힌다. 그 후 신전 앞까지 출렁이던 강물이 토사로 완전히 덮여 지상에서 자취를 감추었다가 1874년 영국인에 의한 발굴 작업 이후 그 모습을 다시 드러냈으나 지진으로 파괴되었다고 한다.

지금은 넓은 공터에 20여m 높이의 큰 기둥 하나만 우뚝 서있어 그 옛날 사람들이 경이의 눈으로 바라보았던 신전은 허상처럼 느껴진다. 망연히 기둥 하나를 보고 그 옛날 영화를 복원하자니 상상력의 임계점이 온다. 외롭게 서있는 돌기둥의 직경은 1.85m이고 높이는 18.6m이다. 건물의 평면은 56.7×112.0m로 파르테논 신전 규모의 2.5배에 달한다.

에페스는 에게해안 도시 이즈미르에서 남쪽으로 약 74km 떨어진 곳에 자리하고 있다. 이스탄불에서 600km, 앙카라에서는 583km의 거리에 있는 이즈미르는 터키에서 세 번째 큰 도시로 이스탄불, 앙카라 다음이다. 에페스로 가기 전 셀축에 내렸다. 에페스와 셀축은 3km 거리로 지척 간이다.

셀축에는 에페스 박물관, 사도 요한 교회와 아르미테스 신전의 큰 기둥이 있다. 또한 유스티아누스 황제가 건축한 요한 교회에 사도 요한의 무덤이 안치되어 있다. 사도 요한과 바울이 박해를 무릅쓰고 이 교회를 거점으로 하여 초기 일곱 교회를 개척하고 요한복음을 기록하였다는 감이 이제야 온다. 지난해 모니카 수녀님으로부터 성서 강의를 귀가 닳게 들은 덕택이다.

초기 에페스는 기원전 10세기 이오니아인에 의하여 건설되었다. 알렉산더 대왕 이후 에페스는 로마의 중요한 도시가 되면서 번성기를 맞아 에게해안에서 금융과 상업의 중심지로서 화려하고 부유한 대도시가 되었다. 아름답고 살기 좋은 에페스는 철학 문학 역사 등 학문의 중심지였으며, 예술가와 부유한 상인들이 몰려와 한때는 인구 25만 명을 가진 큰 도시로 발전하였다. 에페스는 정교한 도시 계획에 따라 아름답게 조화 배치된 대소

공연장, 도서관, 민회, 신전, 유곽, 수세식 공중변소, 창고, 운동장, 체육관, 우물, 목욕탕, 시장터, 가축시장 등이 꽉 차있어 도시 전체가 빈틈없다. 특히 대리석으로 된 대로에는 마차 다니는 길과 인도가 뚜렷이 구분되어 있으며, 이륜마차 바퀴가 잘 굴러가도록 대리석 도로의 양쪽에 긴 홈을 파 놓았고, 하수도 시설을 완벽하게 만들어 놓은 것을 보고 혀를 내두르게 된다.

에페스에 들어서면 2만 5천 명을 수용할 수 있는 거대한 반원형 대공연장이 한눈에 들어온다. 이 공연장은 기원전 3세기경에 건축되었는데 로마시대에 수차 확대되었으며, 사도 바울이 서기 53년에 에페스에 도착하여 이곳에서 설교를 하였다고 한다. 성경의 인물이 아니라 살아 있는 인물로서 바울이 가깝게 느껴진다. 에페스에서의 바울의 설교 행적은 사도행전 19장에 기록되어 있다. 바울이 우상 숭배를 하지 말라는 말에 흥분한 군중들이 "아르미테스 신은 위대하다"고 외치며 바울을 핍박하는 바람에 그곳을 황황히 떠나야 했다는 기록처럼 전도활동은 쉽지 않았으나, 아르미테스 신이 지배하던 도시는 사도 바울의 복음전파로 에페스 교회로 변해갔다.

로마시대 때 에게해를 항해하던 사람들은 미려한 에페스에 정박하고 몸을 풀었다. 에페스로 들어오는 항구로에는 유곽을 찾는 사람들을 위한 석판이 있는데 이것이 인류 최초의 광고로 알려지고 있다. 예나 지금이나 항구 주변의 풍습은 변함없는 것 같다.

에페스에서 가장 아름다운 건축물을 꼽으라면, 단연 셀시우스 도서관이다. 이 도서관은 110년에 건축을 시작하여 135년에 완공한 것인데, 로마제국 내의 최대 도서관 중의 하나이다. 우리는 지친 다리를 도서관 계단에 놓고 옹기종기 앉아 쉬며 장엄한 도서관 지하로 유곽으로 가는 비밀 통로가 있었다는 설명을 듣는다. 휴화산 같은 유적으로 남은 도시가 이렇듯 강렬한 메시지를 현대인인 우리에게 전달해주는 것은 두고두고 신비하다.

고고학이나 연금술에 광적으로 몰두하고 도굴에 일생을 거는 사람들의 주체할 길 없는 열정 덕에 인류의 후손들이 마르지 않는 역사의 지혜의 샘물을 길어 먹는다. 소나무 언덕길을 걸어 에페스와 작별하는데, 우리가 걷는 이 길이 삼성에서 포장해준 길이라고 한다. 우리나라의 세계화를 도처에서 목도한다. 자부심이 하늘을 찌를 일이다! 완벽하고 융성한 고대 도시 에페스의 전성기 속으로 들어갔다 다시 현실로 빠져나온 기분 아련하다. 엑소더스를 하듯 공항으로 달려가는, 갈 길이 바쁜 나그네들이여!

파묵칼레, 목화의 성

파묵칼레는 이즈미르에서 동남쪽으로 230여 km 떨어진 데니즐리라는 도시에서 다시 북쪽으로 20여 km 들어간 곳에 있는 도시이다. 파묵칼레는 성경의 골로새서에서 언급되는 고대도시 히에라폴리스이다. 이곳은 맨 위에서 흐르는 온천물이 경사진 아래로 흘러내려 크고 작은 층을 이루고 있는데, 다량의 석회질을 담고 있는 온천수가 흘러내리면서 석회만 침전되어 목화 같은 하얀색의 장관을 이루고 있다. 이 파묵칼레의 온천물은 섭씨 35도의 탄산수로 여러 가지 질병에 효험이 있어 로마 황제와 귀족들이 치료를 위해 이곳을 찾았다고 한다.

히에라폴리스는 기원전 3세기에는 시리아 왕의 지배에 있었으나 기원전 2세기 말에는 버가모 왕국의 지배에 있었다. 이 도시는 로마의 지배를 받으면서 번창해가다가 기원후 60년에 대지진으로 크게 파괴되었으나 네로 황제 때 재건되었다고 한다. 히에라폴리스는 치료 휴양의 도시이자 상업 도시로서 키케로도 이곳에서 서사시와 연설문을 썼다고 한다. 클레오파트라와 안토니우스가 신혼여행을 한 파묵칼레라고 강조한다. 역사가 우

양말을 벗고 온천 도랑에 발을 담그었다.

리와 연결되어 있다는 것은 항상 경이롭다.

파묵칼레에 도착하여 양말을 벗고 한 층 한 층 마치 계단식 논을 내려가듯 내려갔다가 올라와 온천도랑에 발을 담그고 잠시 쉬니 피로가 가신다. 저녁에 콜로새 온천 호텔에 돌아와 수영복으로 갈아입고 온천장에 가니 말 그대로 터키탕은 남녀구별 없이 혼욕을 한다. 즉 남탕 여탕이 있으나 중간 문이 열려 있어 자유자재로 드나든다. 아하! 터키탕의 유래가 이렇게 시작되었구나! 터키 대사관의 진땀나는 해명에도 불구하고 터키탕의 미신은 사라지지 않는다.

잠시 몸을 담그었다. 바로 돌아와 곯아떨어져 자는데 우리가 방문을 안 잠그고 잤던 모양이다. 한 소장이 전화로 문 잠그라고 하는 소리를 나는 꿈결에 듣고 여하간 문을 다시 잠그고 또 통나무 쓰러지듯 잤다. 이튿날 아침 식사시간은 온통 우리 방의 뉴스로 박장대소를 하고 웃었다. 들어오라고 문을 열어줘도 못 들어갔다는 둥 우리도 한 수 더 떠 어찌 그리 눈치가 없느냐는 둥 여하간 깨가 쏟아지게 놀리고 웃었다.

파묵칼레 지역에는 널린 게 목화밭이다. 몇십 년 만에 목화꽃을 보았다. 목화꽃이 핀 하얀 들판은 평화의 이미지 그 자체이리라.

헬라어로 신정의 도시라는 히에라폴리스의 원형극장은 그 음향이 가히 과학을 능가한다. 우리 모두 모여 '대~한민국'을 몇 차례 가이드의 구령에 맞춰 외쳤다. 외국인들이 쳐다본다. '대단한 신명이구나!' 하는 눈초리이다. 그렇다. 우리는 신바람 많은 민족이다.

1354년 대지진으로 폐허가 된 히에라폴리스를 걷는 기분은 애달프다.

나는 고도에 오면 열광열광하여 사람이 어떻게 된 게 아닌가 하는 기분이 들 정도이다. 아버지가 역사가였다는 것이 유전적으로 증명이 된다. 기둥만 남은 아폴로 신전의 위용은 상상만으로도 숨이 막힌다. 왜 우리가 폐허에 불과한 옛 도시의 건축물 잔해 그 근처만 와도 이렇듯 가슴이 설레는 것일까? 우리 존재가 하나의 신에 연결된 존재라는 증언인가? 어째서 생전 보도듣도 못한 수천 년 전의 사람들의 발자취에 이렇듯 생생하게 펄펄 뛰는 생선처럼 감동을 하는 걸까?

카파도키아의 동굴교회

카이세리아 공항에 내려 광막한 터키 시골을 달리는데 황량하기 그지없다. 초록과 잔디와 파란하늘의 유럽이 아니라 끝없는 석회암과 풀 한 포기 안 보이는 그로데스크한 황야가 지속된다. 터키에서 풍경화를 그린다면 완전 무채색의 판화가 어울리겠다.

터키에 대해 쉬지 않고 안내를 한다. 우리와 터키가 역사적으로 한 종족이었다는 사실과 월드컵에 얽혔던 비화를 생생하게 재현한다. 축구의 열기라는 것이 우리의 열기와는 비교가 되지 않을 정도로 삶 그 자체로 여긴다는 풍조부터 흥미진진하다. 6.25 참전국은 항상 우리에게 큰 은혜의 빚이다. 노래의 뜻도 모르고 불렀던 '우스크다라'가 당시 터키 병사들이 불렀던 터키의 민요였다니, 미처 모르고 지났던 역사의 재상영이다. 터키에 대해 무지했다는 자각이 인다.

이렇게 영토가 광활했던 제국이 몰락하였으나 거점 도시로서 세계사에서 지워지지 않고 있어 천만다행이다. 물류와 문화의 교역로로서 이스탄불은 한몫 단단히 보는 도시임에 틀림없으나 터키 시골은 적막강산이다.

카파도키아 동굴 속에는 상상을 초월하는 교회가 자리 잡고 있어 자연과 인간의 능력에 대해 놀라지 않을 수 없다.

사람이라고는 길가에 개미 새끼 하나 보기 어렵다. 이렇게 광활한 영토를 다스리기가 쉬운 일이 아니겠다. 수도를 앙카라로 옮긴 정치적 동기도 흥미롭다.

점심을 전형적인 터키식 레스토랑에 가서 항아리에 구운 케밥을 먹었다. 약식 케밥은 물리게 먹은 사람이라 새로울 것은 없으나 터키 본고장에서 먹는다 생각하니 흥미롭다. 녹두 스프가 내게는 썩 미각을 자극한다. 옆에서는 짜다고 하며 입에도 안 댄다. 나만 두 그릇 먹었다. 인가도 안 보이고 어찌나 광막한지! 바글바글 부대끼다 온 나는 이런 광활한 나라에 오면 뭐가 빠진 것 같고 허전하다. 개인영역감이 갑자기 확대되어 미처 그 감을 쫓지 못한다. 형형색색의 기기묘묘한 지형을 보니 카파도키아가 가까워 온다는 실감이 난다. 대자연의 위력, 곤명의 석림에서 느꼈던 지형의 신비에 다시 전율한다. 그러나 거무죽죽한 민둥산 비슷한 무채색의 황야는 영 낯설고 침울하다.

카파도키아란 지명은 200여 년간 유지된 카파도키아 왕국(기원전 257~기원전 64년)의 이름을 그대로 사용하여 부른 것이다. 지리적으로는 네브셰리아-카이세리-니데를 잇는 삼각지대를 말한다. 카파도키아의 특징은 기암괴석의 동굴 교회와 땅속에 펼쳐진 거대한 지하도시를 갖고 있어 보는 사람으로 하여금 자연의 경관에 대한 경이와 무서움으로 인한 전율을 동시에 느끼게 한다.

황량하고 황폐한 지형에 원추형과 버섯모양의 기괴한 암석들이 즐비하게 서있고, 그 속에는 상상을 초월하는 교회가 자리잡고 있어 자연과 인간의 능력에 대해 놀라지 않을 수 없다.

카파도키아는 6,000만년 전 주변의 에르지예스 산과 하산산의 화산 활동으로 형성되었다. 화산폭발로 분출된 화산재는 용회암이라는 암석으로 굳어졌고, 오랜 세월 계속된 풍화작용으로 이 암석은 기이한 원추형 모양으로 변하게 되었다. 이 때문에 이 지형의 색깔은 붉은 녹빛, 황토색, 밤색으로 우주선을 타고 별세계에 온 것같이 으스스하고 어두운 분위기이다. 젤베에 있는 돌기둥은 요정의 굴뚝이라고 불리는데, 위로 갈수록 현무암이 얹혀 있는 돌기둥의 모습은 남근을 연상하게 한다.

카파도키아에는 원추형의 돌기둥이 평균 30m 높이로 늘어서 있고, 돌기둥에는 1~5개의 구멍이 나 있다. 돌기둥이나 암석에 생긴 구멍에 들어가 보면 엄청난 규모의 교회가 있는데, 바로 이곳이 초기 기독교인들이 숨어 살면서 기도했던 곳으로 알려지고 있다. 에게해의 초대 일곱 교회가 실체가 없는 영적인 교회인데 반해, 이곳은 초기 기독교인들이 남긴 교회의 현장이라는 특징이 있다. 일설에 의하면 4세기경 성 바질이 이집트 사막에서 수도생활을 하였는데, 이때 시작된 수도원 운동이 카파도키아에도 영향을 미쳤다. 즉 카파도키아의 동굴교회는 수도의 목적으로 만들어졌다고 한다. 이곳에는 수도원과 교회 등이 1000여 개나 있으며, 성화가 그려져 있는 교회만도 150여개가 된다고 한다. 이 지역에 이슬람 세력이 들어오면서 동굴 교회 내 사람손이 닿는 부분의 성화는 아예 없어졌거나 훼손된 것이 많으나, 카파도키아 일부 동굴교회의 내부는 예수의 생애를 묘사한 귀한 성화로 가득 차 있다. 의심과 불만이 한시도 잠자는 날이 없는 나의 신앙심을 돌아보게 된다. 숙연해진다. 우리의 신앙심이란 것은 아주 알량하다는 자괴감, 더욱이 데린쿠유와 카이막클르에 있는 지하 20층의 거대한 도시에 들어갔을 때 더욱 그런 부끄러움이 무럭무럭 피어올랐다.

이 지하도시가 발견된 것은 1960년대의 일이다. 닭이 조그만 구멍으로 들어가 나오지 않자, 이를 이상하게 여긴 주민이 당국에 신고를 한 것이 지하도시를 발견한 시초가 되었다. 지하도시의 통로 입구는 연자방아 모양의 커다란 둥근 돌로 막혀 있는데, 이 돌은 내부에서는 쉽게 열리지만 외부에서는 열려고 해도 움직이지 않는다. 미로와 같이 복잡한 지하도시는 안내원 없이는 길을 잃기 십상이다. 한여름 피서지로 이보다 더 자연적인 데는 없겠다.

지하도시에는 식당, 부엌, 교회, 창고, 기도실 등이 다 갖추어져 있다. 지하도시에 있는 교회는 초대 교회 시절 기독교인들이 지하에 숨어서 예배를 보았던 곳이다. 로마 시대 박해받던 기독교인들이 이곳에서 살았다 하더라도 이렇게 거대한 지하동굴을 어떻게 만들었는지는 신비의 수수께끼로 남아 있다. 첨단의 과학문명으로도 기원전 지하도시 건축술을 파악하지 못한다는 것은 아이러니이다. 과학만능주의에 대한 귀한 경고이다. 콘야를 향해 밤길을 달리는 내내 지하도시의 여운이 머릿속을 휘젓는다. '신앙의 신비여!'를 되뇌며 데데만 호텔로 들어간다.

파르테논 신전과 소크라테스 감옥

오염과 인구밀도 등으로 몸살을 앓는다고 알고 있던 아테네를 실제로 보고는 두 눈이 휘둥그래진다. 고대역사의 위용에 주술이 걸린 듯 포박당한다. 그래서 그리스 의사들이 그렇게 콧대가 높고 매사에 우월의식에 젖어 비양과 비판이 심했구나 하는 그들의 저변의 심지가 공감된다. 지나칠 정도로 큰소리와 어깨를 들썩이던 그리스 동료들. 조상 덕이 이만저만 아닌 사람들로서 충분히 그럴 만하다는 생각이 든다. 편하게 떨어지는 관광수입에 의지하다보니 뒤처지는 것은 당연한 귀결이겠지만, 위대한 조상신들의 후예라는 짐이 자칫하면 그 무게에 눌려 압사할 수도 있겠다.

소크라테스 감옥은 별로 들르지도 않는다고 한다. 위엄에 서려 독배를 마시는 장면이 명화로도 이어지고 있는데도 불구하고 성급한 관광객들에게 철학자의 죽음은 흥미꺼리가 되지 않나보다. 자크-루이 다비드가 그린 소크라테스의 최후를 표현한 그림은 철학의 본질을 보여주려는 듯 마음의 평정을 잃지 않고 있다. 소크라테스가 평범한 우리들에게 마지막으로 건넨 가르침은 무엇이었을까? 감옥 밖에서 잠시 소크라테스가 독배를 들던 시간으로 날아가 본다.

세네카의 죽음 또한 초연하여 보통 시민으로서는 감히 근접하기 어려운 최고의 귀족의 풍모를 보여준다. 세네카의 철학은 우리에게도 삶의 지혜를 일깨우는데 그 몫을 톡톡히 하고 있다. 죽음을 초극하는 의지와 지혜야말로 철학적 사유의 힘 아닌가? 철학이야말로 우리가 살아가는 한 지녀야 할 윤리의 지도랄까 나침반이 아닌가? 네로는 사랑하는 가정교사 세네카를 죽이느니 자신이 죽겠다고 세네카를 껴안고 맹세했다지만 네로의 병리가 깊어지는 것을 본 세네카가 그 말을 믿을 리 없었겠다. 두 차례 사임도 거절되고 운명은 세네카로 하여금 네로라는 주인의 손에 붙잡힌 개의 형국이 되어 결국 죽음으로 자신의 운명에 순응한 것이다. 현기증 난다!

저녁에 파르테논 신전 코앞의 디바니-아크로폴리스 호텔로 돌아와 베란다를 열고 보니 야경의 파르테논 신전이 보인다. 밤에 우루루 나가 불빛 휘황찬란한 파르테논 신전을 구경하는데 리허설을 하는지 음악당에 울려 퍼지는 음악소리가 웅장하게 밤하늘을 울린다. 에코가 저리 깊고 그윽하다니! 부러워서 경비에게 구경을 하면 안 되느냐 물으니 자기도 못 들어간다며 웃는다. 그렇겠지 관광객이라면 너나없이 들으려고 할 텐데 연습이 제대로 되겠는가. 공연일정은 화요일이라고 한다.

유명한 찻집을 들르지 않고 우왕좌왕하다 티셔츠 하나 사들고 돌아왔다. 마음속에 의과대학 비전 선포식이 꽉 차있어 기분이 날 리 없다. 도대체 가가호호 방문하며 기금을 내달라고 손을 벌리고 다녀야 하는데 여행하느라 정신없는 게 아닌가 하는 자괴감. 어떻게 기금을 걷어야 하나 하는 걱정. 다른 대학 동문들은 기금도 잘 내는데 하는 부러움. 그러나 그렇게 잘 되고 좋은 자리면 그 자리가 내게 왔겠나 하는 현실적 생각을 한다. 그렇게라도 하면 조금 위안이 되려나… 그러면서도 무관심과 소극적인 태도들을 어떻게 변화시키나 태산처럼 마음이 무겁다. 내일 돌아갈 날이니 더욱 그렇다. 시험 날짜 다가오는 학생 때 기분과 흡사하다. 그 잘 자던 잠도 쉽게 오지 않는다.

다음날 산수갑산을 갈망정 아침 일찍 일어나 신전으로 올라갔다. 파르테논 신전을 이제 와서 본다는 게 조금 억울하다. 가이드가 신이 나서 열띠게 그리스 신화 문명을 해설한다. 당연히 엘진 마블 이야기가 나온다. 영국의 탐욕에 대해서 한바탕 비난이 쏟아진다. 엘진 마블은 이미 보았다. 거기 보관된 유물들이 진품이 더 많다는 말이 맞다. 지난 일이지만 압도되어 입이 다물어지지 않았던 기억이 있다. 엘진 경에 대해 그리스인들이 느끼는 반감을 전달해준다. 도굴은 도굴이다. 다행히 대영박물관에 잘 보존되어 있어 인류유산으로서 전 세계인 누구라도 가서 볼 수 있다지만 그리스인들로서 오죽 분하겠는가?

멜리나 메리꾸리 동상을 소개한다. 배우이며 동시에 여성 지도자로서 유럽을 풍미한 인물 아닌가? 히드라에서의 명연기가 뇌리에 남아 있다. 외할아버지가 아테네 시장이었다던가, 여하간 멜리나의 대학입학을 아테네 시가 축하해줬다는 기사까지 있었다. 80년대 멜리나가 문화부차관 자격으로 런던을 방문한 목적도 엘진 마블의 반환에 관한 협상차 날아갔다는 게 정확한 보도이다. 그 뉴스는 아직도 선명하다. 조국애에 불타지 않는 사람은 없겠지만 멜리나의 인터뷰 장면은 매혹적이었다. 뒤늦게 그리스인들이 자존심이 상해 박물관을 신축 중이라 더욱 교통난이 혼잡하다. 파르테논 신전은 이렇게 주마간산으로 들를 곳이 아니라 시간을 두고 흠씬 며칠이고 신전에 무릎을 꿇고 순례를 해야 제격이리라. 신전을 그냥 관광객으로 휙 돌아보고 떠난다는 것이 애석하다. 신탁 주문이라도 해보고 그 숱한 그리스 신들에게 앙탈이라도 부려보고 그러면 더욱 이 여행의 보람이 커지련만….

가장 좋은 유적을 끝에 보게 하는 것도 관광의 한 전략이라고 하겠다. 카페에서 이 지중해 풍광과 에게해 바람을 마음껏 마시며 그리고 닥터 비노스와 닥터 크리스토프가 아테네에 있을 텐데 하는 생각을 하며, 그러나 다들 각자의 궤도 속에 분주히 살겠지 하는 정도로 떠올리며 발걸음도 가볍게 트랩을 오른다. 취리히에 와서 KAL기 안으로 들어오니 안방으로 돌아온 듯 편안하다. 어머니 품에 안긴 듯 안락하다. 내가 있어야 될 곳이 바로 여기라는 것을 여행은 새삼 신탁해준다. 나의 조국 코리아, 나의 사랑 코리아라는 것을….

지금 이 자리에

7

쉬지 않는 순례자

China

곤명, 꽃과 고원의 도시

설이라는 명절감에 젖고 말고 할 여유 없이 그길로 인천공항을 향해 달려가서 곤명행 KE 883에 올라타니 그제서야 여행이 시작된 기분이다. 나날이 왜 그렇게 먼지처럼 분주한지 모르겠다. 김운 선생님 고명딸까지 7인의 여행객. 단출하여 좋다. 곤명에 내리니 한밤. 중국동포 숙녀가 차를 대령하고 있다. 길 떠나기 전의 가벼운 불안감은 극히 정상이라 하겠다. 오히려 아무 걱정 없다는 듯 태연자약한 것도 그리 환영할 일은 아니다. 현실감의 부족이 우려되기 때문이다. 그러나 이번 곤명에 가기 전 아니나 다를까 온갖 무거운 짐이란 짐은 동시에 무차별 융단폭격을 하듯 밀고 들어온다. 직원 중에는 이직에 관한 의사를 아닌 밤에 홍두깨 식으로 설 전날 발설한다. 전쟁을 해도 성탄에는 휴전을 하고 다시 협상을 하지 않았던가?

천근처럼 무거운 마음을 안고 나왔으나 돌아다니기 시작하니까 먹구름이 끼었던 마음이 차츰차츰 개인다. 여행의 묘미와 마력이 여기에 있다. 여행객들이 지칠 줄 모르고 나그네 길에 목숨을 거는 비의가 여기에 있다

하겠다. 다이제팜 5mg을 먹고 잔 사람보다 내가 먼저 곯아 떨어져 잘도 잤으니 이야말로 모든 것을 훌훌 털어버린 징표 아니겠는가?

아침을 먹고 안내양과 함께 곤명호를 내려다보며 구향동굴을 돌았다. 동굴이 완전 지하로 막히지 않고 군데군데 지상과 연결된 점이 지하로만 매몰된 다른 동굴의 지형과 다른 점이다. 물론 나는 구향동굴이 훨씬 매력적이다. 밝은 대낮에 캄캄한 동굴에 들어가 빛을 못 본다는 것은 잠시라도 애석하다. 나는 가벼운 폐쇄 공포증이 있다. 지하철, 지하다방, 지하 주차장은 한사코 들어가지 않는다. 산소 결핍에 아주 민감하기 때문이다. 아파트에서 제사를 지내고 아침을 먹기가 무섭게 도룡동으로 돌아와 바로 우성이산을 돌아야 머리가 맑아진다. 밀폐된 실내공기가 산소부족을 즉각 알려준다. 두통과 불유쾌감.

비단가게

실크 생산과정을 전시하고 설명한 후 판매에 들어간다. 상도덕이 기존의 자본주의 속도를 추월하고 있다. 어느 결에 이렇게 마케팅 기술이 늘었는지! 영자가 비단 이불을 한 채 사라고, 언니 집에 꼭 맞는다며 아주 간절히 권하나 거절했다. 해 지기 전과 이슬 내리기 전 선선할 때 햇빛에 널었다 덮으라는데 아주머니가 제대로 관리를 할까 싶지 않다. 과연 내가 할 수 있을까? 생전 손톱 하나 까딱 않는 내가! 해가 서쪽에서 뜨기를 바라는 게 더 빠를 일이다. 무명 이불로도 잠만 잘 자고 아침잠이 많아 죽을 지경이다. 대신 당장 여름에 입을 티셔츠 5장 샀다.

발 마사지를 하고 저녁을 먹고 들어와 자는데 호텔이 난리가 났다. 폭죽 세례다. 곤명시가 불꽃놀이로 뒤덮였다. 새해에 대한 열망과 환희가 이렇게 성대하단 말인가! 오늘 살고 내일 세상 하직할 사람들처럼 난리법석이다. 카운트다운이 시작되는 밤 12시가 정점. 우리들은 호텔방에서 시골사람들 극장에서 박수치듯 따라서 환성을 질렀다. 방 안에서지만.

중국이란 나라를 다시 생각해보는 계기가 된다. 그야말로 중국이라는 뜻 그대로 세계의 중심이라고 믿고 큰소리칠 만한 나라이다. 우리말의 기원이 되었듯 중국은 불가분 가까운 나라이다. 지정학적으로 인접한 것은 물론 우리 역사 문화에 중국의 영향을 배제할 수 없다. 여행을 하면서도 유럽을 여행하는 기분과는 또 다른 편안함이 무척 행복하다. 새해 기원의 전통이 이렇게 무지막지하게 대포를 쏘아대듯 터뜨리는 데는 기가 질린다. 완전히 통으로 크기로 제압하고 들어오는 사람들이다. 대륙적이라는 말은 알지만 실제로 풍습을 목격하면 우선 한풀 접힌다. 2001년은 하노이비치에서 신년을 맞아 밤새도록 폭죽세례를 받았던 기억이 있는데 이 운남성 곤명시의 불꽃놀이에서 나는 평생 본 축포보다 더 많이 보았다.

소수민족 촌에 가니 각 민족들이 공연을 하고 있다. 나는 이 희귀족들을 보면 기묘한 감상에 젖는다. 저렇게 해맑게 웃고 떠들고 공연하는데 과연 아무 갈등도 고뇌도 없는 특별한 민족들일까 궁금하다. 강택민 아이디어로 마련된 소수 민족촌. 관광 수입원이 되면서 이 민족들의 자활촌 구실을 한다. 중국 사람들의 실용주의는 본받을 점이다. 스탈린처럼 고려인들을 강제이주시켜 빙판에 갔다 버리지는 않았다. 책에서 많이 봤던 창족의 모자는 낯이 익다. 이들 민족의 고유복식을 어지간하면 사고 싶은데 색깔이 너무도 원색적이라 도저히 사지 못하겠다. 인도 옷은, 나는 여름에 인도 옷 아니면 여름 나기가 힘든 사람이다. 이집트 옷 역시 여름에는 더없이 시원하다. 합세슈트 여왕 무덤을 나오다 사온 두 벌의 옷으로 올 여름 더위는 아무 걱정 없다.

호텔의 정원은 수려하게 꾸며 놨다. 아열대 풍광의 매력은 비할 데 없다. 어디에 썼듯이 나는 종려나무 그늘만 봐도 가슴이 뛰는 사람이다. 공원을 돌고 드디어 백련온천. 26군데 스파를 도는데 그 맛과 풍류는 상상에 맡기겠다. 대자연 꽃그늘 미풍 속, 맑디맑은 하늘 아래 온천물에 전신을 담그고 있는 그 쾌적함이라니! 일곱 명이 차례차례 스파를 도는데 연일 웃음바다이다. 마지막에 바닷가 덱크에 누워 하늘을 보고 잠시 눈을 붙이고 있는데 나른한 피로가 그러나 전신이 완전히 풀어진 듯한 편안함으로 잠이 스르르 온다. 그림에서 많이 본 바닷가 덱크는 완벽한 휴식을 준다. 로토루아의 추억이 새삼 강렬하게 겹쳐온다. 로투루아와 다른 점이라면 호수 반대편에 산업지대가 인접하고 있는 것이 다르다. 중국이 무섭게 자본주의화 한다는 표시이다. 중국이 세계의 중심으로 토인비 예언대로 수면위로 떠오르고 있다. 통쾌하면서도 염려된다. 작은 나라의 사람이 갖는 방어본능이라 하겠다.

저녁은 구정이라 중국 식당은 안 되고 한국식당은 가능하다 하여 다시 점심 먹었던 집으로 갔다. 우리나라 사람이 부지런하고 억척스럽다. 우리 세대들은 –부모님 세대는 말할 것도 없고– 일밖에 모르는 사람들 아녔나? 우리 어머니는 맏며느리로서 평생 대소가 제례와 친인척 거느리느라 잔칫집처럼 살았다. 나의 어린 시절은 잔치 음식 먹고 뛰놀은 게 전부다.

호텔의 구조는 아름답다. 나무가 주는 질감과 기하학적인 창이 바다와 연결되도록 설계한 아이디어는 첨단을 간다. 운남성에 이리 현대적이고 포스트모더니즘적인 건축물이 있으리라고는 전혀 기대하지 않았다. 돌과 나무와 유리를 적당히 배합하여 전통과 현대를 조화롭게 살린 양식이다. 남방계의 취향이 강하게 배어 나온다. 불상도 타이 불상이라고 호텔 직원이 묻지도 않는데 영어로 말을 건다. 영어를 연습하려고 애를 쓴다. 잠시 대화를 했다. 일본인은 나쁘다고 노골적으로 이야기를 한다. 일본인에 대한 역사적 감정이 가시지 않아서인가 일을 못한다고 불평한다. 맞장구를 칠 수도 없고 적당하게 대화를 마무리하고 숙소로 올라왔다. 호오의 견해를 듣는 것도 거북하고 한국인 직원 누군가 게으름을 피면 비슷한 험담이 금방 터져 나올 분위기이다.

아침에 석림을 향해 떠나려니까 섭섭하다. 이렇게 매력적인 호텔을 두고 떠나야 하다니! 아쉽지만 기념사진을 찍고 출발했다. 차가 어찌나 덜컹대는지 진동에 맞춰 함께 율동을 하듯 몸을 움직이라고 계속 주문을 했다. 털썩 앉아 있다가는 다치기 십상이다. 나는 한때 배웠던 승마 이야기를 하며 날쌔게 같이 상하동작을 하였다. 우리나라 70년대의 신작로길 정도이다. 승마를 한 덕을 여기서 볼 줄이야. 이 덜커덩대는 운남성 신작로 길에서!

석림

석림은 카르스트 지형으로서 2억 3천만 년 전에는 바다였다. 기암괴석과 인파로 문자 그대로 석림은 숲을 이루고 있다. 명절 이튿날이니 중국 사람도 대거 나들이를 나와 발 디딜 틈이 없다. 인해전술이 중국인의 비장의 전술이라는 것, 즉 식은 죽 먹기였다는 것을 실감한다. 중국 같은 나라를 상대하려면 작전을 보통 짜지 않고는 큰코다치겠다.

날씨는 봄날처럼 화창하고 22도가 너머 한낮에는 에어컨을 틀고 다닌다. 하늘도 드높게 맑다. 소석림을 돌아 나오다 소수 민족들과 함께 춤을 추었다. 조금만 연습하면 익숙해지겠다. 점심을 먹기 위해 차를 탔다. 기사 아저씨가 우락부락하다. 웃거나 인사도 없이 완전 중국식이다. 그러나 유명한 집을 안내해주어 우리는 입이 벌어졌다. 피킹덕이 정말로 맛있다. 런던에서 파티에 갈 때 나는 대개 피킹덕을 한 마리 사서 들고 갔다. 그 때 맛봤던 그 북경오리 맛과는 비교가 되지 않지만 그래도 맛이 좋아서 세 마리나 시켰다. 무협지에 나오는 스타일이랄까 원탁에 쭈그리고 앉아 먹는다. 바닥에는 솔잎을 깔아 놨는데 솔향기가 무척 싱그럽다. 이런 풍류는 생전 처음이다. 우리는 솔잎을 깔고 송편을 쪄먹는데 중국 사람들은 솔잎을 바닥에 깔아 향내를 풍긴다. 미각을 자극하는 지혜 같다. 창밖으로는 고산준령이 산수화 한 폭처럼 높게 올려다 보인다. 풍류도 이 정도면 당시라도 읊어야 될 것 같다. 아버지 생전에는 아버지 영향으로 자주 읽었는데 이제는 언제 읽었나 까마득하다. 사람이 이렇게 나이 들어가며 하나하나

기암괴석과 인파로 석림은 문자 그대로 숲을 이루고 있다.

도락이 소진해간다.

금전은 오삼계의 후궁을 위한 궁전인데 여기도 사람들이 미어터진다. 종루에 가니 전각의 글귀가 눈에 들어온다. 강희제 초상은 시조답게 위엄 있다. 야사겠지만 명나라 공주를 일편단심 사랑하여 모든 정치적 장애와 반대를 무릅쓰고 사랑을 쟁취한 인물로 미화시킨 극을 본 기억이 있다. 미화하고 극화한 이야기라 하더라도 부분적으로라도 그런 호방한 기질이 있었다는 정도는 이해된다. 일국을 건설할 정도의 인물이라면 도량과 사고가 편협해서야 일이 되겠는가? 후궁인 미인의 조각이 연못 한가운데에 서 있다. 절세미인이다. 그 미인을 위해 궁전을 바칠 정도로 호걸답다. 현대인의 미적 센스로도 아름답기 그지없다.

저녁을 먹기 전에 다시 비단집을 들르고 발마사지를 한 번 더 받았다. 곤명에서 명절을 더없이 만끽하고 돌아간다 생각하니 부러울 게 없다. 일상이라는 굴로 돌아가는 셈이다. 그러나 우울하다든지 가기 싫다든지 하는 마음은 없다. 내 터전이 가장 편한 곳이라는 재확인을 하는 것이 여행의 교훈인 것이다. 내가 누운 자리가 최고의 궁전이라는, 내 집보다 더 좋은 곳은 없다는 독백을 하는 쥬디 갈란드처럼 무지개다리 대신 비행기 날개를 타고 경건한 처소로 날아 들어온 것을!

바하리아의 별빛

벼르고 벼르던 사막투어에 나섰다. 사막에 대한 동경의 근원은 따지고 보면 쌩떽즈의 작품에 열광하던 의학생 시절로 돌아가야 되겠는데 기실 기십 년의 세월을 산 후에 사막 속으로 달려가고 있다. 카이로 시내를 한 시간 정도 벗어나니 이미 사막의 풍경이 시작된다. 무연한 지평선은 광막하기 그지없다. 지구의 표면이 이렇게 다양하다는 것부터 경이롭다. 우리가 사는 지구의 지질생태가 이렇게 다르다는 발견.

사막의 바람과 햇빛이 장난이 아니다. 두건을 두르고 또 둘러 탈레반 떼 강도 형상들을 하고 짚차를 나눠 타고 달린다. 5시간을 달려와서 드디어 사막의 밤을 보낼 바하리아 사막에 도착하였다. 텐트를 쳐놓고 병풍처럼 칸막이를 해 놓았다. 내 눈에는 거기가 거기 같은 모래 천지의 사막인데 나름대로 지형의 특성이 있어 지정장소가 정해져 있다.

베두인들 인상은 어쩜 그리 순박한가? 모래 위에 안방처럼 그대로 비스듬히 팔베개를 하고 모로 누워 일행들과 대화를 하는 모습이 너무도 자연스럽다. 옷을 버린다거나 젖는다는 개념이 없는 것 같다. 태양에 달구어진 즉 멸균된 모래이니 감기도 걸리지 않는다고 한다. 모래가 잠옷이나 이불이라도 되는 듯 편안해 보인다. 저녁으로 모닥불에 구운 닭요리를 먹었다. 모닥불이 뜨겁지 않은지 닭을 굽는 불속을 맨손으로 마구 휘젓는다. 모든 게 신기하다. 배낭여행 온 학생 둘과 신혼여행 온 사람도 함께 식사를 했다. 이 사막의 저녁식탁에는 너 나의 경계가 없다. 오로지 인간이라는 조건 하나면 충분하다. 우리 팀이고 아니고가 아무 의미 없다. 나는 닭고기와 과일을 잔뜩 집어다 학생들을 먹도록 했다. 바나나도 더 집어넣으라고 했다. 저 나이에 사막까지 달려나온 모험심과 젊음의 용기가 장하다. 한편 우리나라가 그만큼 세계를 향해 발돋움하고 있다는 반증이기도 하다.

모닥불이 피어오르고 베두인 팀과 노래시합을 했다. 서로 노래 한 곡 부르고 모래에다 돈을 꽂는다. '우리 집에 왜 왔니 왜 왔니' 식의 아주 단순한 멜로디이다. 베두인은 술을 마시지 않으니 오락을 해도 동요 수준이다. 내게 딱 맞는 동무들이다. 거나하게 한판 걸쳐야 되는 우리 성인들로서는 싱겁고 따분하기 그지없는 여흥이겠지만 나는 어린 시절로 돌아간 듯 12시가 넘도록 즐겁게 노래 부르고 춤추고 놀았다. 춤이래야 극히 단조로운 모션으로 족하다.

사막의 밤이 몹시 춥다는 소리를 하도 들어 작은 텐트로 들어가기를 꺼린 바람에 더욱 모닥불 곁에서 베두인 형제들과 노래 부르며 밤을 보낸다. 심하지는 않지만 밀폐 공포증(claustrophobia)이 있는 나는 더욱 침낭 속으로 들어가 자기가 즐거울 리 만무하다. 지하실이나 지하 주차장 지하철은

베두인 청년과 기념촬영을 했다.

밤새껏 추위에 떠느라 한잠도 못자고 고생한 김기룡 선생.

거의 타지 않는다.

북소리는 빅폴(Victoria Fall)에서 듣던 그 북소리를 따라가지 못한다. 정말이지 아프리카 북소리의 그 리듬은 두고두고 그립다. 북을 사갖고 올 생각을 나만 했던 게 아니라 박귀원 회장도 하셨다는 것을 알았다. 참으로 그 북소리는 유현하고 그윽하여 우리 영혼의 심오한 구석을 치유해준다. 대신 그러나 너무도 행복하게 아랍 티를 그것도 모닥불에 끓인 티를 얻어 마시는 행운을 누렸다. 염치불구하고 몇 잔을 마셨는지 모른다. 예전에 아랍 동료들에게서 대접 받았던 그 차를 오랜만에 마시게 되니 속에서 환장하듯(!) 기억이 되살아나 미각을 자극한다. 미각 후각이 가장 오래된 뇌의 한 구조라는 것을 신체반응을 통해 느낀다.

한 소장이 자라고 성화를 하여 텐트에 들어가니 이미 마취과 선생님은 코를 골고 주무신다. 담요를 겹겹이 덮고 주무신다. 텐트에서 자보는 것은 암스테르담의 캠프촌, 월정사에 이어 이번이 세 번째이다. 평생에 세 번째 텐트에서 그것도 바하리아 사막에서 잔다. 배낭에 들어갔으나 잠이 쉽게 들지 않는다. 기온이 그렇게 급강하하는 사막의 밤이라는 것을 실감한다. 치과 원장님 아들이 배낭 속에서 못 자겠다고 나왔다. 나와 비슷한 어려움이 있다. 베두인을 깨워 어디 잘 데 있나 알아보라니까 차마다 플래시를 비춰 들여다보는데 남는 좌석이 없다. 일언지하에 거절하지 않고 차마다 들여다봐주는 후한 마음을 느꼈다. 아버지가 어서 들어오라고 아들을 재촉하여 불러들인다.

새벽 네 시에 일어나 하늘을 올려다보니 12시쯤 동쪽에서 보이던 북두

칠성이 머리꼭대기로 움직이고 있다. 시간을 별자리를 보고 안다. 시계를 볼 필요가 없다. 별이 쏟아진다고 해야 하나 팽창한다고 해야 하나, 별이 전신에 다닥다닥 휘감긴 느낌이다. 그렇게 하늘과 모래가 맞닿아 있는 느낌이다. 하늘과 땅 속의 한 점인 내가 그대로 대자연의 모래 같은 기분이다. 완벽한 대자연과의 합일, 조화와 평안을 누린다.

이 사막의 별을 얼마나 보고 싶어 했던가? 쌩떽즈가 조난하여 사흘간 물 한 모금 못 마시고 환각에 가까운 갈증에 시달릴 때 이 미래의 위대한 작가를 구해준 부족이 이 베두인 유목민이었다. 오직 인간이라는 조건 하나만으로 사막에서 구조된 중요한 체험이 그의 행동주의적 실존철학의 모태가 된 것이다. 목숨을 구해준 사람에게서 느낀 외경심과 감사가 인류애로 승화하는 과정이 그의 작가로의 성장과도 비례한다. 작품에 여우가 나오는 배경의 이유를 이 사막에 와서 비로소 알았다. 여우가 사막에서 사는 동물이라니…. 우리 텐트 주변에도 여우가 있다고 한다.

이 베두인들은 '나'라는 의식 이전에 '우리'라는 공동체 의식이 긴요할 수밖에 없는 자연환경이다. 이 모래벌판에 혼자서 무엇을 어떻게 하겠는가? 이 절대의 고립감 공포를 어떻게 감내하겠는가?

너무 고대하던 사막의 밤이 지나고 꿈처럼 날이 샌다. 시간을 붙들어 둘 수 있다면 이 사막의 무수한 별자리를 잠시라도 멈추고 싶건만… 아침 해가 떠오르는 광경 또한 장엄하여 흥분을 감추지 못하는 우리 곁에서 밤새껏 추위에 떠느라 한잠도 못자고 고생한 김기룡 선생이 목이 완전히 잠겨 목소리가 나오지 않는다. 담요가 없어 그냥 참고 자려고 했던 것이 속단이었다. 사막의 밤 기온이 급강하한다는 말을 가볍게 여겼던 것이다. 동사할 뻔했다고 놀리는 우리들도 어쩐지 미안해 거북한 아침이다. 우리들 텐트로 연락을 할 것이지 그리고 담요를 몇 개나 덮고 자는 일행 옆으로 들어와 끼어 자면 되는 것을 내외를 하느라 저 고초를 겪고 건강을 해쳤다. 본래 얌전한 동료인 것은 익히 알았지만 이 정도일 줄이야! 도덕의 기준 의식은 상황을 불문하고 지켜져야 한다는 철칙을 지닌 동료를 다시 한 번 존경하나 그러나 극한상황에서는 융통성이 있어야 되겠다. 사정을 알리면 누구라도 어서 들어오라고 하지 남자라고 꺼리고 할 그런 상황이 아니잖은가? 추위에 떠느라 별자리고 뭐고 완상할 여유도 잃었겠다. 이런저런 해프닝을 아랑곳하지 않고 사막의 밤은 오늘도 그 맹위를 떨치며 별빛으로 모래언덕을 밝히리니….

지금 이 자리에